KB266744

# 이드의 HR 모험기

이드

반달뜨는꽃섬

# 이드의 HR 모험기

**그냥 내 이야기일 뿐인데, 이렇게 고민이 많았습니다**

이 글을 쓰기 전에 나는 꽤 오랫동안 고민했다.

"내가 이런 걸 써도 될까?"

"HR 경력 20년 넘은 분들도 많은데, 내가 뭘 안다고?"

"혹시 누가 '이 사람 자기 자랑하네'라고 생각하면 어쩌지?"

그러다 문득 깨달았다. 아, 나 지금 완전 오바하고 있구나.

이 글은 누군가를 가르치려는 것도, 훈계하려는 것도 아니다. 그냥 지극히 개인적인 생각과 경험을 공유하는 것뿐이다. 틀릴 수도 있고, 비판받을 수도 있다. 그래도 괜찮다. 스타트업 씬에서 HR을 하며 배운 게 하나 있다면, 절대적인 정답은 없다는 것이니까. 각자가 각자의 상황에 맞는 방식을 택하면 그게 정답이다.

그래서 앞으로 나오는 내용도 자연스럽게, 내가 말하듯이 편한 말투로 쓸 예정이다. 이 글도 지금은 버전 1.2지만 아마 매일매일 업데이트될 것 같다. 내 글은 멋있거나 깔끔하지 않을 수도 있지만, 대신 최대한 편하게 써보려고 한다.

## 요즘 HR 씬을 보며: "믿거"의 시대가 왔다

최근 경기 악화로 스타트업 씬의 혼란이 더욱 가속화되고 있다는 느낌이 든다. 사실 이런 현상은 처음이 아니다. IMF 때도, 리먼 브라더스 사태 때도, 크고 작은 경제 위기 때마다 비슷한 패턴이 반복되곤 했다. 많은 사람들이 시장에 나오고, 전문가들은 컨설팅과 자문으로 전향하고, 개인 브랜딩을 위한 전문 아티클 들이 쏟아진다. 요즘은 SNS와 콘텐츠 플랫폼 덕분에 그 어느 때보다 '지식과 아티클의 홍수 시대'가 된 것 같다.

그리고 시간이 지나면서 정반합의 논리는 언제나 반복된다. 처음에는 모든 정보가 새롭고 유용해 보이다가, 점점 검증과 신뢰성에 대한 잣대가 높아지기 시작한다. 어느 순간, 사람들은 일일이 검증하려는 노력보다는 '믿거(믿고 거른다)' 형태로 바뀐다. 예를 들어 스타트업 밸류에이션은 "어차피 거품 아냐?", 퍼포먼스 마케팅은 "조작 아냐?", 맛집 리뷰는 "광고 아냐?"가 되어버렸다. 그리고 나는 지금, 그 '믿거'의 시대 한가운데에서 이 글을 쓰고 있다.

**"내가 이런 글을 써도 될까?" 했던 고민들**

솔직히 말하면, 예전에는 이런 글을 쓰는 것이 나에게는 불편한 일이었다. 나는 업무 스타일이 FM(원칙 중심) + 선비 스타일이라서, HR 관련 글을 쓴다는 것 자체가 내 자존심과 가치관에 반하는 느낌이었다. "사람은 항상 겸손해야 하는 거 아닌가? 내가 남에게 알려주고 어필하는 것보다, 그냥 내가 열심히 하면 자연스럽게 인정받는 게 맞지 않을까?" 하지만 커리어를 쌓으며 충분히 겸손했다고 느꼈고, 더 이상 겸손을 핑계로 침묵할 이유는 없었다. 그리고 깨달았다. 지금은 지식 축적을 통한 전문성의 시대가 아니라, 공유를 통한 전문성의 시대라는 것을.

**결론 : 그냥 가볍게 공유해보기로 했다**

지난 10여 년 동안 현대차, 토스, 야놀자, 클래스101 등 색깔이 뚜렷한 HR 환경을 경험해왔다. 대기업의 원칙과 프로세스, 스타트업의 속도와 유연성, 조직 재편과 터닝 어라운드까지. 이 과정에서 배운 것들이 누군가에게는 흥미로울 수도 있고, 참고할 만한 사례가 될 수도 있겠다는 생각이 들었다.

그래서 이제는 그냥 가볍게 공유해보려고 한다. 내 방식대로, 내가 고민했던 것들, 경험했던 것들, 배웠던 것들을. 버전 1.2, 오늘도 수정 중

# 왜 이름이 이드(iid)인가요?

## 의외로 많이 받는 질문

생각보다 이 질문을 많이 받는다. 처음 만났을 때, 링크드인 DM 으로, 심지어 댓글로도. "이드가 뭔가요?" 한 번은 아이디(ID)를 줄인 거냐는 질문도, 판타지소설 주인공 이름이냐는 질문도 받았다. 둘 다 아니다. 하나는 너무 평범하고, 하나는 너무 거창하다.

이 닉네임은 클래스 101 에 입사하면서 만들었다. 조건은 간단했다. 남들이 잘 안 쓰는 것, 짧을 것, 부르기 쉬울 것, 한 번 들으면 기억에 남을 것. 두 글자 닉네임이 쉽지 않은 게, 짧으면 짧을수록 이미 누군가가 쓰고 있기 마련이다. 그 와중에 떠오른 게 이드였다. 두 글자, 발음 깔끔, 아는 사람은 아는 그 이름. 짧고 외우기 쉬운 게 첫 번째 이유였지만, 그것만은 아니었다.

참고로 왜 id 가 아니고 iid 냐면, 두 글자인 데다 ID/PW 같은 시스템 기본 단어는 도메인에서 가입이 안 된다. idd 보다는 iid 가 낫지 않나. d 를 붙이면 오타 같고, i를 붙이면 이드라는 발음이 살아있으니까. 이름의 탄생이란 게 다 그렇다. 철학 반, 현실 반.

## 맞다, 프로이트의 그 이드다

정신분석학에서 말하는 그 이드가 맞다. 프로이트는 인간의 정신을 이드(Id), 에고(Ego), 초자아(Super-ego)로 나눴다. 이드는 쉽게 말하면 본능이다. 수업 중에 졸면 안 된다는 걸 알면서도 눈이 감기는 이유, 다이어트 중인데 치킨을 시키는 이유. 하면 안 된다는 걸 알면서도 손이 가는 그 모든 것들이 이드의 영역이다.

이드만 있으면 인간은 동물과 다를 게 없고, 초자아만 있으면 죄책감에 눌려서 하루도 버티기 어렵다. 핵심은 이거다. 이드는 포장 없고 변명 없는, 있는 그대로의 에너지다. 그리고 사람은 회사에 출근한다고 해서 본능이 사라지지 않는다.

## 왜 하필 이드인가 — HR 이 매일 마주하는 건 결국 본능이다

HR 을 하는 사람이면 초자아가 더 어울리지 않냐고 할 수 있다. 규정을 만들고, 기준을 세우고, 때로는 안 된다고 말해야 하는 역할이니까. 조직의 양심, 도덕적 파수꾼. 그럴듯하다.

그런데 HR 을 오래 하다 보면, 이 일의 본질이 초자아에 있지 않다는 걸 느끼게 된다. HR 이 다루는 대부분의 문제는 결국 인간의 본능에서 출발한다. 사람은 인정받고 싶어 하고, 불안하면 방어하고, 위협을 느끼면 공격하거나 도망친다. 조직에서 벌어지는 갈등의 대부분은 논리의 충돌이 아니라 감정의 충돌이다. 사람들은 감정으로 먼저 반응하고, 논리는 그 뒤에 끼워 맞춘다. HR 을 오래하면 그게 보인다.

퇴사 면담을 해보면 더 잘 느낀다. 면담지에는 보상 체계니 평가 공정성이니 적혀 있지만, 그 밑에는 거의 항상 더 원초적인 감정이 깔려 있다. 나를 알아주지 않는다는 서운함, 더 이상 여기 있어봤자 나한테 좋을 게 없다는 생존 본능. 결국 나오는 말은 비슷하다. 여기서 나는 그냥 숫자인 것 같았다는 것. 이건 이드의 영역이다.

**제도는 초자아다, 하지만 제도가 필요한 이유는 이드 때문이다**

HR 이 만드는 제도와 규정은 분명 초자아적이다. 하지만 그 제도들이 왜 필요한지를 한 꺼풀만 벗겨보면, 결국 이드 때문이다. 사람들이 항상 합리적으로만 행동한다면 평가 제도가 이렇게 복잡할 이유가 없다. HR 제도의 상당 부분은, 솔직히 말하면 인간의 본능이 조직 안에서 너무 가감 없이 드러나지 않도록 포장지를 씌우는 일이다.

그리고 그 포장지가 제대로 작동하려면, 안에 뭐가 들어있는지를 정확히 알아야 한다. 초자아의 언어로 일하되, 이드의 논리를 이해해야 하는 것. 그게 HR 이라는 일의 실제 모습이다.

## 그래서 이드다

멋있어서 고른 이름이 아니다. 다만 HR 을 하면서 계속 돌아오게 되는 생각이 하나 있었고, 그걸 이 두 글자에 담고 싶었다.

솔직히 고백하자면, 이 이름을 쓰면서 가장 많이 떠올리게 되는 건 남들의 본능이 아니라 나 자신의 본능이다. 나도 인정받고 싶고, 평가에 예민하고, 내가 한 일이 무시당하는 것 같으면 속이 뒤집힌다. 제도를 만드는 사람도 결국 그 제도 안에서 살아가는 사람이고, 본능을 이해해야 한다고 말하는 사람도 본능에서 자유롭지 않다.

오히려 그래서 이드라는 이름이 리마인더가 된다. 누군가 나를 이드라고 부를 때마다, 이 일은 결국 사람의 본능을 다루는 일이라는 생각이 환기된다. 슬랙에서 "이드님"이라고 호출이 올 때, 그 두 글자가 아주 잠깐이지만 나를 원점으로 돌려놓는다. 지금 내 앞에 있는 이 사람도 본능이 있는 사람이고, 나도 본능이 있는 사람이라는 원점.

이드를 이해한다는 건, 사람 앞에서 섣불리 판단하지 않겠다는 뜻에 가깝다. 그 방향을 잊지 않기 위해 아예 이름에 박아둔 거다.

# 목차

## 5부 — 잘함의 기준 (평가와 보상)

# 제1부

# HR이 뭔가요

# HR인데 진입장벽 낮다는 소리를 들었다

## HR은 '정치'와 닮아 있다

HR에 대한 관점과 철학을 이야기할 때마다, 예전에 알고 지내던 어르신의 말이 떠오른다. "HR은 전문성이 없는 것처럼 보이지만, 사실 정치와 비슷하다고 생각한다."

정치는 단순한 학문이 아니라 '종합 예술'이다. 무엇을 공부했다고 해서 정치를 잘하는 게 아니다. 정치는 사람 간의 관계, 지식, 상황, 외부 규제 등을 종합적으로 판단하고, 단순한 판단을 넘어 유연하고 민감하게 조율하고 커뮤니케이션해야 하는 영역이다.

정치가 국가 단위에서 이루어지는 매크로(Macro) 종합 예술이라면, HR은 조직 단위에서 이루어지는 마이크로(Micro) 종합 예술이라고 할 수 있다. 그렇기에 HR은 단순히 "어떤 학위를 가졌는가?" "무엇을 공부했는가?"로 정의할 수 없다. 때로는 천부적인 센스, 다양한 경험치, 그리고 정치적인 감각이 필요하다. HR이 진입장벽이 낮아 보인다고 쉽게 접근하거나 코멘트를 달았다가 큰코다치거나 상처받는 사람들이 많은 것도 이 때문이다.

## 그래서 HR에는 정답이 없다

이런 특성 때문에 HR은 다른 직무보다 더 복잡하다. 엔지니어링은 코드가 돌아가면 성공이고, 마케팅은 전환율이 오르면 성공이다. 상대적으로 명확한 지표가 있다. 근데 HR은? 같은 문제라도 회사 문화, 조직 단계, 리더십 스타일, 심지어 타이밍에 따라 완전히 다른 접근이 필요하다.

예를 들어 "성과가 안 나오는 직원"이 있다고 치자. 어떤 회사에서는 바로 성과 개선 계획(PIP)을 돌리는 게 맞을 수 있다. 근데 다른 회사에서는 그 직원과 1:1 면담을 여러 번 하면서 코칭하는 게 맞을 수도 있다. 또 어떤 경우엔 아예 직무를 바꿔주는 게 답일 수도 있다. 뭐기 정답인지는 그 조직과 상황을 종합적으로 봐야 안다.

## HR의 해결 방식은 다양할 수밖에 없다

정치도 동일한 사회 문제를 해결하기 위해 보수와 진보 등 다양한 철학을 기반으로 접근한다. HR도 마찬가지다. 어떤 문제가 생기면, 이를 해석하고 해결하는 방식은 다양할 수밖에 없다.

정석일 수도 있고 편법일 수도 있다. 회유일 수도 있고 협박일 수도 있다. 착할 수도 있고 나쁠 수도 있다. 위임일 수도 있고 관리일 수도 있다. 장기적인 접근일 수도 있고 단기적인 해결일 수도 있다. 중요한 건 어떤 방식을 택했든, 그게 그 상황에서 조직에 최선이었는지, 그리고 실제로 문제를 해결했는지다.

## 중요한 건 '실제로 해결했느냐'다

아무리 말이 번지르르하고 경력이 화려하더라도, 결과적으로 문제를 해결하지 못하면 그건 HR을 잘하는 게 아니다. 멋진 생각과 철학은 존경받을 수는 있지만, 그것이 곧 HR 실무를 '잘한다'로 연결되지는 않는다.

내가 봤던 가장 유능한 HR 담당자는 이론서를 많이 읽은 사람이 아니었다. 조직에서 터지는 온갖 문제들을 실제로 해결해낸 사람이었다. 때로는 원칙을 지켰고, 때로는 상황에 맞게 유연하게 움직였다. 때로는 단호했고, 때로는 공감했다. 근데 한 가지 공통점은 결국 문제를 해결했다는 거다.

HR의 본질은 '문제를 해결하는 것'이다. 아름다운 철학과 이론도 좋지만, 그게 현장에서 작동하지 않으면 의미가 없다. 생각만 하고 실행하지 못한다면, 그건 HR이 아니라 다른 길일 수 있다.

# HR 하지마요 하지마요 비추합니다!!

누군가가 자식이나 후배에게 HR을 추천할 것이냐고 묻는다면 나는 절대 비추, 비추한다고 할 것이다. HR이 나쁘거나 별 볼 일 없는 직무라는 의미가 아니다. 단지 너무 힘들고 고된 직무이기 때문에 추천하지 않는다.

패기 넘치는 HR 주니어분들이나 다른 직무에서 HR에 관심을 가지는 분들에게 묻는다. 과연 하고 싶은 것이 HR인지, 경영인지, 조직관리인지, 브랜딩인지. HR을 담당한다는 건 하고 싶은 것만 픽할 수 있다는 게 아니다. 하고 싶지 않은 영역도 해야만 한다. 좋은 것만 골라 담을 수 없다.

내가 생각하는 HR은 수라도(修羅道)[1]이다.

---

1 수라도는 육도윤회에서 세 번째로 죄를 덜 지은 사람이 간다고 한다. 수라도에서는 귀신마다 무기가 있고 또 그들은 계속 싸운다고 한다. 또한 죽은 귀신은 다시 환생해서 싸운다고 한다. (위키백과)

## HR이 힘든 이유 ① : 인간 근원적 본능을 이겨내야 한다

모든 인간은 본능적으로 착한 사람이 되고 싶어 한다. 정확히는 다른 이에게서 좋은 사람이라고 인정받고 싶어 한다. 최소한의 선에서 나쁜 사람이 되고 싶어 하지는 않는다.

HR의 특수성은 사람/조직을 대상으로 하지만 그 과정에서 정답이 없는 철학/가치의 영역을 건드려야 한다는 것이다. 개인의 가치와 조직의 가치는 다를 수 있고, 영리 집단인 회사의 가치는 또 다를 수 있다.

HR은 절대 자선사업이나 인류 구원을 하는 직무가 아니다. 회사가 잘 운영되고 성장하기 위해 사람/조직의 영역에서 고민하고 기여하는 직무다. 그렇다면 때에 따라 개인의 가치와 다른 의사결정을 해야 하는 경우들이 발생한다. 회사가 살기 위해서, 성장하기 위해서, 대표의 방향성이 변해서.

그러면 HR 담당자는 가치 혼돈을 겪기 시작한다. 나도 열심히 일하는 직장인이고 돈 벌기 위해서인데, 왜 나는 나쁜 사람이 되어야 하는가. 왜 악의 축 수준의 비판을 받아야 하는가. HR 담당자가 아닌 개인으로서는 나도 똑같은 생각인데, 그저 업무 영역에서 해야 할 수밖에 없는 건데.

개인으로서의 나는 고려되지 않고 HR 담당자로서만 욕먹기 쉽다. 일을 잘한 것이지만 "나도 착한 사람이고 싶음"은 얻기 힘들다. 일은 잘했는데 욕은 먹는다. 이상한 직무다.

회사를 위해서 선택한 수라도가 점점 일반적인 인간으로서의 행복과 멀어지게 만들 수 있다. 개인으로는 자상하고 착한 사람도 하루 중 가장 오래 같이 일하는 동료들에게조차 인정받지 못할 수 있다.

**HR이 힘든 이유 ② : 내 보람을 스스로 찾아야만 한다**
HR의 업무들은 명확한 메커니즘이 존재하지 않는다. 사람/조직을 대상으로 하기 때문이다. 죽을 정도로 노력했지만 외부 요인 하나로 사라질 수도 있고, 반대의 경우도 발생한다.

대표를 포함한 경영진이나 구성원들은 HR에 대해 고생은 한다고 하더라도 제대로 인정하기는 어렵다. "고생했다 덕분이다"라는 피드백이 구체성이 없다면 처음에는 동기부여가 되지만 나중에는 형식적으로 느끼기 쉽다. 이건 그런 피드백을 한 이들의 잘못이 아니다. HR 직무의 특성에 가깝다. 영업처럼 숫자로 정량화도 어렵고, 개발처럼 눈에 보이는 결과물이 나오는 것도 아니다. 영업은 계약 따면 축하받는데, HR은 뭘 해도 당연하다.

좋은 사람이라고 인정도 못 받고, 일을 해도 성과가 명확하게 나타나지 않는데 도대체 어떤 것으로 보람을 느끼며 계속 일을 할 수 있을까? 후배들이 이 질문을 하면 답을 해주기 어렵다고 한다. 스스로 찾을 수밖에 없기 때문이다. 내 경험상 완벽하게 대응법을 찾는 이는 아주 드물며, 대부분 시니어가 될수록 소진되고 메말라가며 지쳐간다.

누군가는 HR은 권력 혹은 실세이기 때문에 그 부분으로 만족한다고 할 수도 있다. 대기업에서는 그 말도 맞다. 하지만 그 달콤함이 큰 만큼 멀어지게 될 때의 좌절감은 매우 크다. 스타트업은 그냥 그런 거 전혀 없다. 권력? 무슨 권력?

개인의 성격/성향도 HR 커리어에 많은 영향을 준다.

- 남을 너무 의식해도 안 되며 너무 의식하지 않아도 안 된다.
- 너무 회사 입장만 봐도 안 되며 너무 직원 입장만 봐도 안 된다.
- 너무 숫자만 봐도 안 되며 너무 가치만 봐도 안 된다.
- 너무 설득/타협만 해도 안 되면 너무 강압적이기만 해도 안된다.

이런 밸런싱을 유지한다는 것은 거의 정신병 걸릴 수준일 수도 있다. 참… HR은 수라도의 길 같다.

## 그래서 나는 어떤 것으로 보람을 찾는가

- 내가 재직 중인 회사가 망하지 않고 그래도 버틴다.
- 구성원들에게는 욕먹을지언정 대표/리더들에겐 일 잘한다로 인정받는다.
- 불만인 액션을 하더라도 끝까지 완수해서 기업 입장의 성과를 만들어낸다.
- 과거 같이 일했던 일 잘하는 동료들에게서 여전히 같이 일하고 싶다고 제안을 받는다.
- 착하고 좋은지는 모르지만 일 잘하는 사람이고 믿을 수 있다.
- 듣고 싶은 이야기를 하지는 않지만 의미 있는 이야기라고 인정받는다.
- 이슈 상황에 당황하지 않고 대응한다.

## 그래도 나는 HR을 후회하지 않는다

HR 한 것을 후회하냐고 묻는다면 후회하지 않으며, 나의 꿈은 60대가 되어서도 HR을 하는 사람으로 남아있는 것이다.

난 개인적으로 내가 변태라고 생각한다. 내가 걸어온 길과 수많은 의사결정들, 앞으로 걸어갈 길을 생각하면 점점 더 스스로 인간에게서 멀어지고 있지 않나 싶다. 그럼에도 이 길이 좋다. 수라도를 즐기며 그 과정에서 스스로의 인간성을 찾고 만족하고 있기 때문이다.

언젠가 죽기 직전 내 인생을 반추해 봤을 때, 수많은 사람에게 욕도 먹고 인정도 못 받았더라도, 과거 욕했던 누군가가 "아 그래도 그분 일 잘했다" 그 한마디면 난 잘살았다 생각할 것이다.

HR은 비추다. 하지만 나는 계속할 것이다.

# 대기업에서 스타트업으로 : 당신이 포기해야 할 세 가지

........................................................

### 좋은점 53점, 안 좋은 점 47점

많은 대기업 지인이 스타트업으로의 이직에 대해 물어봤었다. 토스/야놀자 때까지는 좋은 점 51점 : 안 좋은 점 49점을 얘기했다. 요즘은 53 : 47 정도로 말한다.

첫째, 사실 둘의 차이가 크지 않다. 스타트업이라고 너무 좋고 대기업이라고 너무 안 좋고 이런 것은 없다. 항목 단위로 비교하면 비슷하다.

둘째, 내가 플러스 포인트로 생각하는 건 보상도 직책도 복지도 아니다. 그냥 업무의 스타일/성향이 스타트업이 잘 맞기 때문이다.

하지만 그럼에도 많은 대기업 출신이 스타트업 이직을 고민한다. 특히

HR 직무는 더욱 그렇다.

## HR이 가장 늦게 스타트업으로 간 이유

내가 스타트업에 이직할 때만 해도 대기업에서 스타트업으로 이직한 HR은 매우 적었다. 아마 HR이 기성 산업군에서 스타트업으로 제일 마지막으로 이직한 직무가 아닐까 싶다.

HR 직무가 가장 유연하면서도 가장 보수적이어야 하는 상반된 면을 가지고 있기 때문이다. 개별적으로는 사람을 대하기에 유연성이 필요하지만, 그러다 보면 서류 하나에 규정 하나에 근로기준법을 위반하게 된다. 비전/미션/컬처에서는 하나의 마음으로 모이다가도, 보상/복지 등 이해관계에 엮이면 금세 사측/노측 대립으로 격하되기도 한다.

기성 산업군은 이 모든 과정을 거친 뒤 HR 또한 규정과 시스템/프로세스의 형태로 발전되었다.

## 스타트업 이직이 의미하는 세 가지

### ① 고용의 안정성

단순히 근로기준법 준수 여부가 아니다. 기존 고용 안정성에 대한 개념 자체를 바꾸어야 한다.

대기업은 회사의 생존이 심각하게 위협받는 일이 드물다 보니, 노동법 위반이 '생존 때문'이 아니라 '악의적'으로 읽힌다. 스타트업은 회사 자체의 생존도 담보할 수 없는 영역이라 생존 vs 노동법 준수에서 정말 전자 때문에 후자가 고민되는 경우도 있다. 그래도 불법/위법이다.

고용 안정성은 심리적/계약적/물리적/업무적 안정성을 종합적으로 봐야 한다. 회사가 월급을 주지 못해 정리해고가 될 수도 있지만, 솔직히 말해 대표의 방향성, 일하는 방식, 컬처 등과의 안 맞음이 고용 안정성에 영향을 주는 경우가 더 많다.

기성기업은 시스템/프로세스가 고도화되어 개별 사람의 개성이 직접 발현되기 어렵다. 스타트업은 그 개성이 회사의 핵심 역량이 되기도 하지만, 그 개성과의 충돌이 생기면 양쪽에 스트레스이자 고통으로 작용한다.

특히 HR은 대부분 대표 직속으로 활동한다. 대표의 철학/방향성을 조직 버전으로 실현시키는 역할인데, 대표와 '맞지 않음'이 발생하면 사실상 모든 업무의 팔다리가 잘린 셈이 된다. 시니어가 될수록 매번의 의사결정이 reputation이 되기에, 한 번 한 번이 매년 평가와 같다고 생각해야 한다.

② 시스템/프로세스의 부재

4대 대기업 출신이 이직한다면 본인들이 일했던 시스템과 너무 다르다고 느낄 것이다. 기성기업에서는 도미노처럼 하나만 쓰러뜨리면 두두두두 연속으로 쓰러지는 경험을 했겠지만, 스타트업에서는 하나하나를 수동으로 다 쓰러뜨려야 할 뿐 아니라 매번 위치를 조정해 줘야 한다.

익숙함이 다 사라진다. 규칙은 새로 만들어야 한다. 내가 겪었던 시스템은 과거 선배들의 수많은 노고와 역사로 이루어진 것이라는 걸 비로소 느끼게 된다.

일례로 나는 몇 개의 회사 연속으로 입사 후 구글 스프레드시트로 전사 좌석 배치도를 만들어왔다. HR 리드가 하기엔 어색해 보일 수 있지만, 필요하면 필요함을 인식한 사람이 그냥 하면 된다. 창고 정리에 박스를 나르고, 화장실이 막혔을 때 뚫어뻥으로 뚫는 것도 마찬가지다.

사업계획을 예로 들면, 기성기업에서는 연간 계획에 맞춰 cash flow도 고민하고 인력계획도 세운다. 스타트업에서는 매월 상황이 바뀌고, 사건 하나에 대규모 퇴사가 일어나고, BM이 언제 피버팅할지 모른다. 사업계획을 세우면 안 된다가 아니라, 그 익숙한 프로세스 하나를 진행하기 위해서도 너무도 많은 사전 작업과 인프라가 필요하다는 것이다.

### ③ 상식의 부재

상식. 내가 가장 많이 쓰는 단어 중 하나이자 이직할 때마다 가장 크게 느끼는 단어이다.

사람들은 알게 모르게 자신이 사는 세계가 있다. 한 세계관 안의 구성원들은 공통의 상식을 공유하는데, 그 상식은 절대적이지 않다. 지극히 상대적이고 개별적이다. 하지만 기존 조직이 너무 공고해 보일수록 그 세계관은 '인간이라면 누구나'라는 절대적 상식으로 여겨지게 된다.

기성기업은 표준화된 채용을 통해 비슷한 상식 수준의 사람들을 뽑는다. 스타트업은 당장의 전력 투입을 위해 '능력'을 우선하다 보니, 같은 회사 안에서도 완전히 다른 세계관의 사람들이 모인다.

너무 추상적이지 않을까 해서 생활면에서의 예시를 몇 가지 들어
본다. 참고로 세계관은 상대적인 것일 뿐 틀린 것은 없다.

- 식대 무제한 : "한 끼 15,000원이면 넉넉하지"라는 상식을 가진
  이와, 무제한이라는 말을 믿고 오마카세를 가는 이가 같은 회사
  에 있다.
- 장비 지원 : '업무에 필요한' 장비를 지원한다는 전제인데, 문서
  작업이 많고 한글을 써야 하는 직무에서 최신식 맥북프로를 신
  청하고, 업무용 윈도우 노트북을 추가로 요청한다.
- 휴가 무제한 : '성과를 잘 내는데' 자율권을 맡긴다는 전제인데,
  성과에 대한 책임 없이 한 달에 며칠씩 쉬다 보니 업무가 동료
  들에게 전가된다.
- 수평적 조직문화 : 업무에 대해 자유롭게 의견을 내라는 취지인
  데, 모두가 동등하고 모두가 설득되어야만 일한다고 오해한다.
  자기에게 위임된 권리는 당당하게 요구하면서, 성과 책임을 물
  으면 "임원만큼 돈도 안 주면서 왜 책임을 묻냐"는 사람들도 있
  다.
- Cash Flow : 몇십억, 몇백억 투자가 들어오면 돈이 돈같이 안 느
  껴진다. 당장 보이기 좋은 복지, 좋아 보이는 사무실에 쓰게 된다.
  현재 그 여파로 힘들어하는 회사들을 보며 많은 생각이 든다.

위의 예시들은 꼰대로 보일 수도 있지만, 지극히 나의 관점에서 쓴 것이다. 어떤 세계에서는 상식으로 통할 수 있고, 그것으로 성공 논리가 만들어질 수도 있다.

## 가장 크리티컬한 것은 상식의 부재

3가지 요소 중 가장 크리티컬한 요소는 '고용의 안정성'보다 '상식의 부재'라고 생각한다.

앞의 두 요소는 내가 노력할 수 있다. 직장인으로서 월급에 대한 책임, 이직에 대한 받아들임으로 가능하다. 하지만 상식의 부재는 한평생 살아온 세계 자체를 변경하거나 부정해야만 가능하다.

대기업에서 스타트업으로 이직했던 주변 사람들도 3번을 제일 힘들어했다. "도대체 어떻게 그럴 수 있지?" 내가 해줄 수 있는 말은 이 부분은 이해의 영역이 아니라 인정의 영역이기에 그냥 수용해야 할 뿐이다.

스타트업의 세계관이 꼭 받아들여져야 하거나 기성 세계관이 변화되어야 하는 것은 아니다. 기성 기업이 절대 틀렸거나 나쁜 것이 아니다.

나는 헤겔의 정반합 논리를 좋아한다. 외부 환경 변화가 빨라지고, 탑다운의 waterfall 방식이 한계를 보이면서 다른 형태의 상식이 대안으로 나타났다. 한때 스타트업 방식이 미래처럼 보였던 시기도 있었다.

하지만 스타트업들조차 매크로 경제환경에 따라 한계를 보이고 있다. 이제는 전반에서 합으로 와야 하는 단계다. 무조건 새로운 상식이 정답이 아닌 것이다.

여러 스타트업을 거치면서 다른 곳보다 특이한 세계관들을 겪고 인정하면서, 나의 기존 세계관이 오롯이 존재할 수 있을까 고민이 든다.

— "괴물과 싸우는 사람은 그 싸움 중 괴물이 되지 않도록 조심해야 한다. 네가 심연을 오랫동안 들여다본다면, 그 심연 또한 너를 들여다볼 것이기 때문이다." — 니체, 선악의 저편

새로운 세계가 괴물이라는 말은 아니다. 그 정도의 변화라는 말이다. 과거에 속해있던 세계관의 사람들도 나를 보고 다르다고 느낄 정도로 변했음을 인정한다.

**특히 HR이라면 더욱 신중해야 한다**

HR만은 '상식의 부재'도 힘들지만 '고용의 안정성' 또한 직업관/가치관을 매우 위협할 수 있다.

스타트업은 대표 그 자체다. 대표와 가장 밀접하게 일하며 그의 생각/방향성을 구현하는 HR은, "대표랑 안 맞아서 퇴사해야겠다"의 영역이 아닐 수 있다. 사람을 대상으로 하고 정책/제도적 역할을 담당하기에, 노동/근로 자체의 의미와 보람에 대해 심각하게 고민하게 된다.

HR의 스타트업 이직은 다른 직무보다 더 신중해야 한다. 대표와의 관계와 가치관의 문제는 단순히 '적응'의 문제가 아니라 '정체성'의 문제가 될 수 있기 때문이다.

# HR이 중요한 회사? HR이 필요한 회사?

얼마 전 한 주니어 HR 분이 나한테 부럽다고 했다. HR을 중요하게 생각하는 회사에 다녔다면서. 물론 내가 경험한 회사들은 HR 브랜딩을 꽤 했고, 겉으로 보기엔 HR을 중시하는 것처럼 보였던 곳들이긴 했다.

그런데 그 말을 듣고 나니, 좀 더 정확하게 짚어줘야겠다는 생각이 들었다. 그분이 부러워하는 게 정확히 뭔지 모르고 있는 것 같았기 때문이다. 아마 채용 공고에 적힌 복지 리스트나, 링크드인에 올라온 조직문화 콘텐츠, 혹은 인터뷰에서 들은 HR의 역할에 대한 멋진 말들을 보고 그렇게 생각한 것 같았다. 근데 그건 회사가 HR을 중요하게 생각한다는 증거가 아니라, HR 브랜딩을 잘한다는 증거일 뿐이다.

사실 이런 착각은 꽤 흔하다. 특히 주니어 입장에서는 더 그렇다. 회사 밖에서 보이는 모습과 실제 내부가 다르다는 걸 경험으로 알기 전까지는, 겉으로 보이는 것들이 전부인 것처럼 느껴진다. 체계적인 HR 제도가 있다는 것과, 그 제도가 실제로 회사 의사결정의 중심에 있다는 건 완전히 다른 문제인데 말이다.

**진짜 중요하게 생각한다는 것**

어쩌면 많은 회사는 HR을 중요하게 여기기보다는, 강하게 필요로 하는 상황일 가능성이 높다. 이 둘은 전혀 다른 이야기다.

HR을 중요하게 생각한다는 건, HR이 만든 정책과 약속, 규칙과 가이드를 존중한다는 뜻이다. 그리고 그에 맞게 의사결정을 한다는 의미다. 그러면 당연히 대표도 그 원칙을 따라야 한다. 본인이 만든 회사지만, 본인이 정한 제도 안에서 움직여야 한다는 거다. 회사 규모가 크든 작든, 긴급한 상황이든 아니든, 제도가 우선이다.

근데 이게 얼마나 어려운 일인지 아는가? HR이 고도화되고 체계화될수록, 개인의 주관이 끼어들 여지는 줄어든다. 대표가 아무리 마음에 드는 직원이 있어도, 평가 기준에 맞지 않으면 낮은 등급을 줘야 한다. 반대로 개인적으론 영 별로인 사람이라도, 성과가 좋으

면 높은 등급을 줘야 한다. 예외를 0으로 만들겠다는 의지와 노력
이 필요하다는 말이다.

실제로 이런 회사가 있긴 하다. 대표가 연봉 협상 테이블에 앉아서
도 HR이 정한 밴드를 못 벗어난다. 핵심 인재라며 데려온 사람도
시용 기간 평가에서 탈락하면 내보낸다. 전 직장 동료라서 데려오
고 싶어도, 채용 프로세스 예외를 만들지 않는다. 심지어 대표가 급
하게 사람이 필요하다고 해도, 정해진 프로세스와 기준을 건너뛰지
않는다. 이게 진짜 HR을 중요하게 생각하는 회사다. 불편하고, 때
론 비효율적으로 보이지만, 그게 원칙이라면 지키는 거다.

**대부분의 회사는 HR이 '필요한' 회사다**

그런데 대부분 회사는 이렇게까지 하지 못한다. 아니, 하지 않는다.
대신 뭘 하냐면, HR을 잘하는 것처럼 보이게 만든다. 채용 페이지
엔 수평적 문화와 투명한 평가 시스템을 강조하고, 블로그엔 우리
회사 온보딩 프로세스가 어떻게 체계적인지 자랑한다. 외부 강연에
서 CHRO가 나가서 조직문화 이야기를 한다.

이게 나쁜 건 아니다. 실제로 그런 제도들이 있고, 노력하는 건 맞
으니까. 근데 문제는 그게 회사 의사결정의 최우선 순위는 아니라

는 거다. 정말 중요한 순간에는 HR 원칙보다 비즈니스 판단이 앞선다. 그리고 그게 정상이다. 회사는 HR 하려고 존재하는 게 아니라, 비즈니스를 하려고 존재하니까.

주니어 입장에서는 이 차이를 알기 어렵다. 겉으로 보이는 건 비슷하거든. 둘 다 HR 제도가 있고, 둘 다 그걸 운영한다. 차이는 제도가 흔들릴 때 드러난다. 위기 상황에서, 빠른 의사결정이 필요한 순간에, 대표가 원하는 사람을 뽑고 싶을 때. 그때 HR 원칙이 버티느냐 무너지느냐로 진짜가 가려진다.

대부분의 스타트업은 이 원칙을 지키기가 정말정말 힘들다. 변수가 너무 많기 때문이다. 그리고 외부와 내부 환경의 변화가 많을수록, 결국 창업자의 의사결정과 인사이트가 중요해진다. 그러면 거기엔 예외도 원칙도 존재하지 않는다. 오직 창업자만 존재할 뿐이다.

시리즈 B 받은 스타트업인데, 평가 제도를 꽤 잘 만들어놨었다. 그런데 펀딩 받고 6개월 만에 시장 상황이 급변했다. 투자 집행이 막히고, 런웨이를 늘려야 하는 상황이 됐다. 그때 평가 제도가 무슨 소용이었나? 대표는 HR한테 미안하다고 하면서도, 본인이 판단하기에 꼭 남겨야 할 사람들 리스트를 먼저 만들었다. 평가 점수는 참고 자료일 뿐이었다. 그게 잘못됐다고 할 수 있나? 아니다. 그게 맞는 판단이었다. 회사가 살아야 HR도 의미가 있으니까.

## 중요와 필요 사이

그럼 이걸 어떻게 표현해야 할까? 나는 이럴 때 HR을 매우 필요로 하는 회사라고 말한다. 그 회사는 사실 HR의 필요성이 진짜 높은 곳이다. 없어서 필요할 수도 있지만, 회사 경영을 제대로 하기 위해서 제대로 된 HR을 해야 하는 필요성도 높은 거다.

다만 필요성이 높다는 건, 모든 게 HR 중심으로 돌아간다는 뜻이 아니다. 중요도와 필요성은 다르다. 중요하다는 건 우선순위가 높다는 거고, 필요하다는 건 성장을 위한 여러 요소 중 하나라는 뜻이다. 회사가 살아남기 위해 필요한 것들은 많다. 제품도 필요하고, 영업도 필요하고, 재무도 필요하다. HR도 그중 하나다.

HR이 중요한 회사는 HR의 원칙이 최우선이 되는 곳이다. 반면 HR이 필요한 회사는 HR이 회사의 생존과 성장에 기여해야 하는 곳이다. 전자는 HR을 목적으로 보고, 후자는 HR을 수단으로 본다.

HR이 중요한 회사에서는 제도를 먼저 만들고, 그 안에서 비즈니스를 한다. HR이 필요한 회사에서는 비즈니스를 하면서, 그걸 지탱할 제도를 만든다. 전자는 제도가 비즈니스를 제약할 수 있고, 후자는 비즈니스가 제도를 바꿀 수 있다.

물론 현실은 이렇게 깔끔하게 나뉘지 않는다. 대부분 회사는 이 둘 사이 어딘가에 있다. 그리고 회사 상황에 따라 이 스펙트럼 위에서 이동한다. 초기 스타트업은 당연히 필요 쪽에 가깝다. 살아남는 게 먼저고, HR은 그걸 돕는 도구다. 그러다 회사가 성장하고 안정화되면, 조금씩 중요 쪽으로 이동할 수 있다.

## 현실에서 할 수 있는 것

그래서 어느 쪽이 나은가? 솔직히 말하면, 대부분 회사는 후자여야 정상이다. 그리고 그게 나쁜 게 아니다. HR이 중요하다고 말하는 회사 중에도, 실제로는 HR이 필요해서 하는 경우가 태반이다. 그냥 마케팅을 좀 잘하는 거다. 중요한 건 그 필요를 어떻게 채우느냐다.

HR이 필요한 회사에서 HR을 하는 사람이라면, 자신의 역할이 회사 생존에 어떻게 기여하는지 명확히 알아야 한다. 원칙을 지키는 것도 중요하지만, 회사가 망하면 원칙도 소용없다. 반대로 회사가 살아남는다고 해서 아무 원칙 없이 움직이면, 그건 HR이 아니라 그냥 잡무 처리다.

그럼 필요를 잘 채운다는 게 구체적으로 뭘까? 어떤 스타트업에서 대표가 급하게 사람을 뽑아야 한다고 했다. 원래 채용 프로세스는 3단계인데, 2주 안에 뽑아야 한다는 거다. 이때 HR이 할 수 있는 건 두 가지다. 하나는 안 된다고 버티는 것. 다른 하나는 프로세스를 줄이되, 최소한의 검증은 유지하는 방법을 찾는 것. 후자가 필요를 채우는 HR이다. 2단계로 줄이되, 필수 평가 항목은 놓치지 않는 식으로. 완벽하진 않아도, 최악은 막는 거다.

급성장하는 회사에서 평가 제도를 만들어야 했다. 이때 6개월짜리 완벽한 제도를 설계할 수도 있고, 2개월짜리 작동 가능한 제도를 만들 수도 있다. 전자는 HR을 중요하게 생각하는 접근이고, 후자는 HR을 필요로 하는 접근이다. 회사 상황에서 어느 쪽이 맞는지 판단하는 게 실력이다. 대부분은 후자가 맞다. 일단 돌아가게 만들고, 부족한 부분은 다음 사이클에 개선하는 거다.

그리고 중요한 것은 이렇게 하면서도 방향은 잃지 않아야 한다. 지금은 급해서 프로세스를 줄이지만, 다음엔 다시 복구한다는 걸 명확히 한다. 지금은 간단한 제도로 시작하지만, 언제쯤 고도화할지

로드맵을 그려놓는다. 필요에 따라 움직이되, 중요로 가는 방향을 잃지 않는 것. 이게 균형이다. HR을 중요하게 생각하는 회사를 부러워할 시간에, 지금 회사가 왜 HR을 필요로 하는지, 그 필요를 어떻게 채울지 고민하는 게 더 생산적이다.

**부러워할 게 아니라 이해할 것**

HR을 정말로 중요하게 생각하는 회사는 생각보다 많지 않다. 있긴 한데, 그런 회사들은 대부분 이미 엄청나게 안정적이거나, 창업자가 특이한 케이스다. 대부분 회사는 HR이 필요하다. 그게 정상이다. 그리고 그게 잘못된 것도 아니다.

문제는 이 차이를 모르고 환상을 품는 거다. HR을 중요하게 생각하는 회사에 가면 뭔가 다를 거라고 기대하는 거. 거기 가면 원칙이 지켜지고, 내 의견이 존중받고, HR답게 일할 수 있을 거라고 믿는 거. 근데 그런 회사도 결국 비즈니스를 해야 살아남는다. 완벽한 곳은 없다.

그래서 나는 이렇게 말했다. 부러워할 필요 없다고. 내가 다닌 회사들도 결국 HR이 필요한 회사였다고. 다만 그 필요를 인정하고, 그 안에서 최선을 다하려고 노력했을 뿐이라고. 브랜딩이 좋았던 건 맞지만, 그게 본질은 아니었다고. 본질은 그 필요를 어떻게 채웠느냐였다.

중요한 건 회사가 HR을 얼마나 중요하게 여기느냐가 아니라, HR 하는 사람이 자기 역할을 얼마나 명확히 이해하고 있느냐. 내가 지금 있는 회사에서 HR이 왜 필요한지, 그 필요를 채우기 위해 무엇을 해야 하는지, 그 과정에서 어떤 균형을 잡아야 하는지. 이걸 아는 게 실력이다.

어차피 대부분 회사는 HR을 필요로 한다. 그럼 그 필요를 제대로 채우는 HR이 되면 된다. 그게 더 현실적이고, 솔직히 더 재밌다. 완벽한 제도 안에서 매뉴얼대로 움직이는 것보다, 제약 속에서 최선의 방법을 찾아내는 게 훨씬 고민할 거리가 많으니까. 그리고 그 과정에서 쌓이는 게 진짜 실력이다.

# HR은 성공의 필요조건이지 충분조건이 아니다

## 성공담이 만들어내는 착시

많은 대표들이 성공한 CEO들의 조직·인재관리 철학을 귀 기울여 듣는다. 스쿼드, 목적조직, 다이렉트 피드백, 가중목 같은 단어가 등장하면 복잡한 문제를 해결할 '공식'이 떠오르기도 한다.

경험자의 이야기를 참고하는 것은 의미 있다. 다만 이 과정에서 꽤 큰 착시가 하나 작동한다.

대부분의 '성공한 사람들'은 자신이 성공한 결정적 이유 중 큰 비중을 차지했던 운(Luck)을 선뜻 인정하지 않는다. 성공 후에는 자신이 걸어온 길을 뒤늦게 정리하며 구조화된 언어로 재탄생시킨다. 시행착오와 우연, 혼란과 타이밍은 흐릿해지고, 처음부터 일관된 전략으로 움직인 것처럼 매끄러운 서사만 남는다.

문제는 이 서사가 너무 매끄럽다는 데 있다.

HR을 오래 다뤄본 사람들에게는 다른 장면이 더 자주 보인다. 성공한 회사의 HR 제도가 "잘해서 성공한 것"이라기보다, 성공했기 때문에 좋아 보였던 것일 때가 정말 많다. 같은 제도라도 어떤 회사에서는 날개처럼 작동하고, 어떤 회사에서는 조직을 무너뜨린다.

HR은 비즈니스의 필요 요소일 뿐, 충분 요소는 아니다.좋은 HR이 있어도 실패하는 회사가 있고, 허술한 HR을 가지고도 시장의 흐름과 제품력으로 성장하는 회사도 있다.

**HR 성공담을 그대로 가져오기 전에 반드시 봐야 할 관점**

겉으로는 비슷해 보여도, 각 회사는 전혀 다른 구조 · 감정 · 시장 · 타이밍 위에서 움직인다. '좋은 방식인가?'보다 '우리 회사에서 작동할 조건인가?'가 먼저여야 한다.

① 성공 배경의 '사전 확률'을 무시한 해석

성공한 회사들이 말하는 조직 설계에는 늘 말하지 않는 전제가 있다. 그 방식이 작동할 수 있었던 시장 환경, 성장 속도, 자본의 여유, 인력 규모 같은 배경 조건이다.

스쿼드 조직이 성공했다는 회사들은 대부분 빠른 개발이 생존이었던 시기, 개발 인력이 풍부했던 환경에서 그 구조가 힘을 발휘했다. 역할도 정착되지 않은 초기 스타트업이 동일한 구조를 가져오면 책임과 권한만 모호해진다.

OKR도 마찬가지다. 연간 200%씩 성장하던 시기에는 자연스럽게 같은 방향을 바라보고 있었기에 OKR이 힘을 가진 것처럼 보인다. 성장률이 꺾인 시점에 적용하면 "왜 하는지도 모르겠는 절차"만 남는다.

② 리더의 감정·판단 구조라는 '숨은 엔진'
조직의 성패는 제도 자체보다, 그 제도를 운영하는 리더의 감정 구조·판단 패턴·의사결정 스타일에 더 큰 영향을 받는다.

다이렉트 피드백이 어떤 조직에서는 운영 언어가 되지만, 또 어떤 조직에서는 갈등 폭발의 도화선이 된다. 대표가 즉결형 의사결정을 선호하는데 상향식 구조를 도입하면, 구성원들은 방향성을 잃고 더 큰 혼란을 겪는다. 제도는 기술이 아니라 감정 시스템 위에서 작동한다.

③ 업의 본질과 HR 제도의 '궁합'
HR 제도는 산업의 본질, 비즈니스 모델, 수익 구조 위에서만 힘을
발휘한다.

목적조직은 문제 해결 중심 업에서는 강력하지만, 반복 운영 · 원가
관리가 중요한 F&B · 리테일 · 물류에서는 역할 중복과 비용 증가
를 초래한다. 애자일도 실험과 반복이 핵심인 프로덕트 조직에서는
유효하지만, 매일 같은 업무를 처리하는 CS · 운영 조직에 적용하
면 회의만 늘어나고 속도는 떨어진다.

업과 제도가 맞지 않으면 조직은 체질적 거부 반응을 보인다. HR은
경영의 상위 개념이 아니라 경영의 결과물이다.

④ '리소스 온도'를 고려하지 않은 도입
성공한 회사들은 대체로 조직의 에너지가 충분하고, 실패해도 회복
할 시간과 자원이 있던 시기에 새로운 제도를 도입했다.

대부분 회사는 시간이 부족하고, 예산은 빠듯하며, 구성원들의 에
너지는 이미 소진되어 있다. 이런 상태에서 정교한 HR 제도를 들여
오면 제도를 지탱할 힘이 없어 HR은 단숨에 '비용 항목'이 된다.

가중목이 내표적이다. 전사적으로 하나의 목표에 모든 팀이 집중할 수 있었던 특수한 시기에는 효과적이었지만, 그 온도가 사라지면 가중치 조율을 둘러싼 소모전과 점수 정치만 남는다.

**HR 담당자인 내가 인정해야만 했던 불편한 진실**

HR을 오래 하다 보면 충돌하는 감정이 있다. "HR이 회사의 성장을 좌우한다"는 말은 직업적 자존감을 높여준다. 실제로 HR이 잘 작동하면 조직은 더 건강해지고, 감정의 오염이 줄어들며, 실행도 매끄러워진다.

하지만 현실은 조금 다르게 흘러간다. 시장의 변화, 제품의 경쟁력, 리더의 판단, 타이밍 같은 본질적 요인에 비해 HR은 언제나 '보조적 요소'로 움직인다. 회사가 잘될 때는 HR이 한 모든 일이 "선견지명"으로 보이지만, 회사가 흔들리면 같은 제도도 "비용"으로 재해석된다. 같은 제도인데도 회사의 상태가 바뀌면 평가가 완전히 달라진다. 그래서 나는 HR 담당자인 내가 가장 먼저 이렇게 말해야 한다고 생각한다.

"HR은 비즈니스의 필요 요소일 뿐, 충분 요소는 아니다."
이 사실을 인정하는 순간 HR은 오히려 더 자유로워진다. 이상적인 그림에 매달리지 않고, 회사가 가진 조건과 한계를 솔직하게 바라보고, 그 안에서 가장 전략적인 결정을 내릴 수 있게 된다.

## 회사의 성공은 결국 기본적인 경영 원리 위에 서 있다

회사를 움직이는 힘은 생각보다 단순하다. 좋은 제품, 명확한 시장 기회, 지속 가능한 수익 구조, 빠르고 일관된 실행력, 리더의 의사 결정, 그리고 운. HR은 이 기반이 갖춰질 때 비로소 의미를 갖는다.

남의 성공담을 그대로 가져오는 일은 위험하다. 우리가 따라야 하는 것은 그들의 방식이 아니라, 그 방식이 왜 그 회사에서만 가능했는지를 이해하는 일이다.

HR은 필요하다. 하지만 HR만으로는 충분할 수 없다. 이 사실을 인정하는 순간 비로소 HR은 자신의 역할을 정확히 수행할 수 있게 된다. 화려한 제도를 도입하는 것이 아니라, 회사가 넘어지지 않도록 단단한 지반을 설계하는 것. 그 지반 위에서야 비로소 제품·시장·실행·운이라는 기본 원리들이 제힘을 낼 수 있다.

HR이 할 수 있는 가장 중요한 일은 남의 성공을 복제하는 것이 아니라, 우리 회사가 지금 어떤 자리 위에 서 있는지를 정확히 인식하는 것이다.

# HR은 점쟁이가 아니다. 숨기지 마라

조직에서 HR에게 상담이나 문의가 들어오는 순간은 대체로 심각하다. 갈등이 커졌거나, 평가와 보상 문제가 얽혔거나, 제도 운영에서 혼선이 발생했을 때다. 누군가가 HR을 찾는다는 건 이미 일이 단순하지 않다는 의미다.

그런데 묘한 공통점이 있다. 질문자는 정작 중요한 맥락은 숨겨둔 채 제한된 정보만 전달한다. "이 정도만 말해도 HR이라면 알아듣겠지?" 혹은 "일단 뭐라고 대답하나 보자"라는 태도로 접근한다. 이것은 상담이라기보다 시험에 가깝다.

대답이 기대와 맞으면 "HR이 역시 똑똑하다"고 평가하고, 어긋나면 "봐라, 역시 원론적 얘기만 한다"고 치부한다. 나중에야 감춰둔 맥락을 꺼내며 "이 조건을 고려했어야지"라고 되묻는다.

이 풍경은 점집에서 벌어지는 장면과 닮아 있다. 손님이 일부러 중요한 단서를 숨겨두고 점쟁이가 알아맞히는지 시험하는 모습. 맞히면 신통방통, 못 맞히면 허술하다며 폄하한다.

그러나 HR은 점집이 아니다. 직관이나 감으로 예언을 던지는 존재가 아니라, 드러난 조건과 맥락을 해석하고 구조를 설계하는 파트너다.

## HR의 답변은 조건부일 수밖에 없다

HR이 다루는 문제는 언제나 수많은 변수를 포함한다. 단순히 사람 간의 갈등으로 보이는 사건조차, 권한의 불균형, 성과 압박, 제도적 공백, 리더십 스타일, 심지어 재무 상황까지 얽혀 있다. 어느 하나라도 빼놓으면 해법은 달라진다.

따라서 HR의 답은 필연적으로 조건부로 시작한다. "만약 제약이 없다면 이 방식이 적합하다." "리더가 이런 성향이라면 접근 방식을 달리해야 한다." "조직의 목표가 단기 성과라면 우선순위는 달라진다."

질문자가 중요한 맥락을 의도적으로 빼놓으면, HR은 불가피하게 일반론으로 답할 수밖에 없다. 이 일반론은 '원론적 답변'이라며 비판의 대상이 되지만, 그것은 HR의 무능이 아니라 불완전한 정보가 만들어낸 한계다.

## 숨겨진 정보는 왜곡을 낳는다

문제를 제기하는 직원은 흔히 본질을 감춘다. 갈등의 원인이 본인의 성과 부진이나 실수일 때, 그 사실은 덮어두고 표면적인 불편만 내세운다. 불편한 사실을 드러내면 자신에게 불리하다고 생각하기 때문이다.

대표도 크게 다르지 않다. 이미 답을 정해둔 상태에서 HR에게 묻다가, 예상과 다른 의견이 나오면 그제야 숨겨둔 제약을 꺼내든다. 이 질문은 진짜 해법을 구하기 위한 것이 아니라, HR이 자기 생각을 맞히는지 확인하려는 시도에 가깝다.

숨겨진 정보를 나중에 꺼내며 "왜 이걸 고려하지 않았느냐"고 묻는 것은 HR의 답을 무력화시키려는 태도나 다름없다. 불완전한 조건에서 나온 답은 당연히 왜곡되고, 그 왜곡은 다시 HR의 역량 부족으로 포장된다.

이 왜곡이 반복되면 HR은 점차 위축되고, 의사결정에서 영향력을 잃는다.

## HR을 점집처럼 다룰 때 벌어지는 일

HR은 방어적으로 변한다. 시험을 당하면 주도적으로 솔루션을 내지 않는다. 섣불리 답했다가 "현실을 모른다"는 꼬리표가 달리기 때문이다. HR은 매뉴얼과 원론 속으로 물러난다.

"HR은 늘 일반론만 말한다"는 불신이 커지고, HR은 협력자가 아니라 행정 부서처럼 취급된다. 신뢰가 손상되면 HR이 어떤 답을 내놓든 설득력이 떨어진다. 대표는 중요한 의사결정에서 HR을 배제하고, 직원은 HR을 형식적 절차로만 인식한다.

많은 사람은 HR이 사람을 다룬다는 이유로 마음까지 읽을 수 있다고 착각한다. 하지만 HR은 심리학자가 아니다. 드러난 사실과 조건을 제도로 연결하는 역할이다.

'중립성'이라는 기대도 함정이다. 직원은 HR이 중립적이니 속마음을 다 꺼내지 않아도 알아줄 거라 기대하고, 대표는 HR이 회사의 이해를 대변하리라 전제하고 세부 제약을 설명하지 않는다. 양쪽의 속마음을 다 알아야 한다는 요구가 HR에게 주어진다.

의사에게 일부러 병력을 숨기고 진단할 수 있나 보는 환자가 있듯, HR에게도 같은 태도가 나타난다. 이는 신뢰의 표현이 아니라 불신의 표현이다.

## HR은 예언이 아니라 설계다

HR은 직원만의 편도 아니고, 대표만의 대변인도 아니다. 그 애매함 속에서 균형을 만들어내는 것이 HR의 존재 이유다.

HR의 역할은 감춰진 마음을 읽어내는 것이 아니라, 드러난 사실을 기준으로 조건을 정리하고 제약을 설계하는 것이다. 사람의 속내를 꿰뚫는 것이 능력이 아니라, 그 속내가 드러날 수 있는 장치를 만드는 것이 능력이다.

정보가 공유되지 않는 순간 HR의 답은 무력해지고, 투명하게 드러난 사실 위에서만 HR의 해법은 힘을 얻는다.

정보를 숨기고 맞히기를 요구하는 순간, HR은 더 이상 파트너가 아니다. 예언은 순간을 달래줄 수 있지만, 구조는 시간을 견딜 수 있다.

# HR은 왜 연애 상담과 닮았을까? 연애상담의 역설

......................................................

### 연애 상담의 역설

나는 HR 이야기를 할 때 종종 연애 상담 이야기를 꺼내곤 한다. 이 둘은 정말 닮았다.

어느 날 새벽녘, 누군가 전화를 걸어온다. "나, 이제 헤어져야 할까?" 온갖 이야기를 들어주고, 마음을 헤아려주고, 진지하게 고민한 뒤 단호하게 말한다. "그런 사람하고 왜 계속 만나? 당장 끝내." 그런데 한 달 뒤 다시 전화가 온다. 똑같은 이야기다. 그 사이 둘은 여전히 함께 있고, 사이가 좋았다가 다시 싸운 모양이다.

연애 상담에서 상대가 하는 고민은 '지금 당장 해결해야 하는 엄청난 문제'처럼 느껴지게 만든다. 하지만 그 순간만 보면 정말 헤어져야 할 것 같아도, 감정과 정, 함께 쌓아온 시간이 다시 한 번 결정을 미루게 만든다.

연애 상담의 본질은 조언을 해줄 수는 있어도, 결국 그 사람을 바꿀 수는 없다는 데 있다.

아무리 논리적으로 설득해도 소용없다. 조언을 주려다 오히려 싸움이 나기도 하고, 나중에는 원망을 듣기도 한다. "그때 네가 헤어지라고 해서 헤어졌는데, 이제 너무 힘들어…"

결국 연애는 본인이 직접 겪고, 부딪히고, 상처받고, 깨달아야만 바뀐다. 터지고 나서야 "네 말이 맞았어"라고 하게 되는 것이 가장 냉정한 진실이다.

그렇다고 연애 상담이 쓸모없다는 뜻은 아니다. 잘하는 사람의 스킬은 상대의 삶을 대신 살아주는 데 있지 않다. 상대가 현실을 직시하게끔 말해주거나, 깨달음의 순간을 맞도록 돕는 것, 그것뿐이다.

**"우리는 다를 거야"라는 착각**
HR이 대표에게 자주 하는 말이 있다. "이런 문제는 대부분 회사에서 발생해요."

그러면 대표는 고개를 끄덕이면서도 마음속으로 생각한다. "하지만 우리는 다르지 않을까?"

단순한 자기 확신만은 아니다. 대표는 누구보다 치열하게 생각하고 판단하고 통제해 왔기에, '대부분 사례'에 자신이 포함된다 는 말은 그동안의 리더십을 부정당하는 것처럼 느껴진다. 모두가 실패하는 길이라 해도 나는 다르게 해낼 수 있다는 신념. 그 신념이 조직 고도화의 속도를 늦추는 가장 큰 방해 요인이 된다.

연애 상담에서도 같은 패턴이다. 모든 사람이 말린다. "그 사람, 너한테 상처 줄 거야." 하지만 본인은 말한다. "그래도 나한테는 다르게 대해줄지도 몰라." 그 기대가 꺾이는 건 늘 같은 순간이다. 상처가 발생하고 후회가 밀려올 때.

조직에서도 마찬가지다. 이직률이 올라가고, 핵심 인재가 떠나고, 리더십 위계가 흐트러진 이후에야 비로소 "그때 그 말이 맞았구나." 하지만 그 깨달음은 이미 고비용으로 치러진 후다.

**HR도 같은 딜레마 속에 있다**
대표를 바꿀 수 없는데, 모두 HR에게 바꾸라고 한다.

많은 HR담당자들이 묻는다. "대표님을 어떻게 설득하면 좋을까요?" 나도 예전에는 사례를 모아 보여주고, 데이터를 가공하고, 리스크를 조목조목 정리해 프레젠테이션도 했다. 하지만 경험이 쌓일수록 알게 된 사실이 있다. 대표는 말만으로는 좀처럼 바뀌지 않는다.

가장 큰 이유는 하나다. 아직 직접 겪지 않았기 때문이다. 수십 명이 "위험하다"고 말해도, 실제로 위기가 터지기 전까지는 실감 나지 않는다. 더구나 HR 리스크는 특히 더 체감되지 않는다. 대표는 매일 고객, 투자자, 경쟁사와 싸우느라 바쁘고, HR의 경고는 늘 "나중 일"로 밀려난다.

## 설득이 아니라 길잡이로

여기서 많은 HR담당자들이 흔들린다. "왜 우리는 대표를 바꿀 수 없을까?" 그 무력감은 생각보다 크고 깊다. "내 설득력이 부족한 걸까?" 끝없이 스스로를 의심하다 결국 좌절한다.

내가 말하는 것은 포기하라는 게 아니다. '설득'이라는 단어에서 벗어나야 한다는 것이다. 설득은 곧 대표를 직접 바꿔보겠다는 시도이고, 대표는 본인이 직접 경험하기 전에는 변하지 않는다.

HR의 역할은 설득이 아니라 길잡이다. 대표가 스스로 불편함을 느끼도록 현실을 직면하게 만들어야 한다. 작은 실험을 통해 이상 징후가 눈에 보이도록 길을 터주고, 데이터를 대표의 언어와 맥락 안에서 해석되도록 도와야 한다. 정책을 갑자기 들이밀기보다, 대표 스스로 "이제는 바꿔야겠다"고 말하게 만드는 것이 중요하다.

하나를 더 보태고 싶다. HR은 대표가 작은 실패를 경험할 기회를 일부러 남겨두어야 한다. 모든 위험을 미리 막으려 하기보다 실제로 대표가 몸으로 겪어보게 하는 것. 나는 이것을 '직면의 기회'라고 부른다.

사람은 스스로 선택했다고 느낄 때만 변화한다. HR은 그 선택의 길을 열어주는 사람이어야 한다.

## 현실을 비추는 거울

HR의 역할을 이야기할 때 종종 보험에 비유한다. 암보험 특약 이야기를 꺼내면 사람들은 "나는 괜찮을 것 같은데요?"라며 웃어넘긴다. 진짜 진단을 받기 전까지 남의 일처럼 느껴진다.

HR이 다루는 리스크도 똑같다. "우리 회사는 괜찮아"라고 자신하던 회사들이 나중에야 급히 연락해 온다. 작은 조직일 때는 별 탈 없어 보이던 일이, 사람이 늘고 관계가 복잡해지면서 표면 위로 터져 오른다.

여기서 한 가지 더. 위인전의 함정.

스타트업 대표들은 위인전을 즐겨 읽는다. 직관, 카리스마, 빠른 결단, 몰입. 대표들은 그 드라마틱한 순간을 닮고 싶어 한다. 하지만 잘 알려지지 않은 사실이 있다. 위인들조차 결국 시스템으로 돌아간다는 점이다. 위인전에는 "어떻게 위기를 넘겼는가"만 적혀 있을 뿐, 그 뒤의 시스템 구축 과정은 잘 나오지 않는다. 하지만 사실 그게 기업의 생존을 결정짓는다.

**바꿀 수 없음을 알면서도 길을 열어주는 자리**
연애 상담은 상대의 삶을 대신 살아줄 수 없다는 사실을 인정해야만 시작된다. HR도 마찬가지다.

대표를 당장 바꾸지 못한다고 해서 무의미한 것은 아니다. 대표는 직접 겪어봐야 변한다. HR은 그 과정을 지켜보며 길을 비추고, 대표가 작은 현실이라도 마주할 수 있도록 문을 열어줘야 한다.

그 길은 언제나 외롭고 길다. 하지만 기다림을 견뎌낸 끝에 대표 스스로 변화를 선택하는 순간이 찾아온다. 그리고 그 순간, 대표는 문득 이렇게 말한다.

"네가 하자던 그거, 이제 왜 필요한지 알겠어."
그 한마디가 HR에게 긴 시간의 기다림이 헛되지 않았음을 알려준다.

HR은 설득이 아니라 길잡이가 되는 문제다. 그것이 내가 HR에서 배운, 가장 솔직하고도 쓸모 있는 교훈이다.

# 조직은 살아 있다 — HR의 정반합 설계

2025년 기준 트럼프 대통령의 관세 정책이 다시 세계 경제에 긴장을 던졌다. 대학 시절 경제원론 수업에서 가장 또렷하게 남은 건 하나였다. 모든 정책은 반드시 양면성을 가진다.

관세를 올리면 무역은 줄지만 자국 산업은 숨통이 트인다. 금리를 인상하면 물가는 잡히지만 소비는 얼어붙는다. 정책이란 '좋은 것만 얻는 선택'이 아니다. 무엇을 감당할 것인지에 대한 선택이고, 그 선택은 방향이 아니라 파장을 만든다.

## 조직은 살아 있다

금리를 인상하면 인플레이션은 억제되지만 소비와 투자는 위축된다. 관세를 부과하면 전략 산업을 보호할 수 있지만 교역은 줄고 소비자 물가는 오른다. 정책은 어떤 결과를 얻는 동시에, 반드시 어떤 부담도 함께 가져온다. 옳고 그름의 문제가 아니라, 감당과 수용의 문제다.

| 정책/현상 | 긍정 효과 | 동시에 발생하는 영향 |
| --- | --- | --- |
| 금리 인상 | 인플레이션 억제, 금융 안정성 확보 | 소비 위축, 투자 둔화, 경기 냉각 |
| 금리 인하 | 소비 촉진, 경기 부양 | 자산 버블, 부채 과잉 |
| 관세 부과 | 국내 산업 보호, 제조업 재정비 | 교역 감소, 수출 타격, 물가 상승 |
| 환율 상승 | 수출 경쟁력 강화 | 수입 물가 상승, 내수 위축 |
| 재정 확장 | 일자리 창출, 경기 부양 | 국가 부채 증가, 장기 인플레이션 리스크 |
| 규제 완화 | 혁신 촉진, 기업 민첩성 향상 | 윤리 · 환경 리스크 증가, 불평등 확대 |
| 노동유연화 | 생산성 향상, 고용 창출 | 고용 불안정, 소득 양극화 |

경제가 살아 있는 흐름이라면, 조직도 마찬가지다. 조직은 문서로 짜맞춘 틀보다, 사람 간의 역학과 상호작용으로 구성된 유기체에 가깝다.

흔히 '좋은 가치'를 키우면 조직이 건강해질 거라고 생각하지만, 현장에서는 오히려 그 '좋은 것'이 균형 없이 작동할 때부터 문제가 시작된다. 자율성이 커지면 창의성은 높아지지만 책임 회피가 따라온다. 수평적 문화는 심리적 안정을 돕지만 결정 지연과 리더십 공백을 남긴다. 위임이 확대되면 실행력은 빨라지지만 전략적 방향성은 약해진다.

한 가지 운영 원칙만을 밀어붙이면, 반대편 축은 반드시 뒤틀린다.

HR은 '정책'을 만드는 부서가 아니라, 균형과 흐름을 설계하는 현장의 해석자여야 한다.

## 균형은 타협이 아니다

'균형'이라는 말을 들으면 양쪽을 절충한 '중간값'을 떠올린다. 하지만 실제 조직 운영에서의 균형은 정적이고 안전한 형태가 아니다.

균형은 '가운데'가 아니라, 서로 충돌하는 힘 사이에서 만들어지는 긴장 상태다.

이런 맥락에서 HR이 해야 할 일은 '좋은 제도를 강화하는 것'이 아니라, 그로 인해 발생할 수 있는 반작용까지 설계하는 것이다.

어떤 하나의 운영 원칙(正)을 밀어붙이면, 그 반작용(反)이 반드시 따라오고, 그 두 힘이 충돌하는 가운데 새로운 질서(合)가 만들어진다.

이것은 단순한 '절충안'이 아니다. 정과 반이 충돌하는 한가운데서, 조직이 다음 단계로 나아가기 위한 더 강한 설계를 만드는 일이다.

## [사례 ①] 자율의 그림자

어느 스타트업은 '몰입을 위해선 자율이 답'이라며 출퇴근도, 보고 체계도 없었다. 초기 6개월간은 놀라웠다. 그러나 곧 프로젝트 우선순위는 엇갈리고, 책임자는 누구인지 모호해졌다. HR은 다시 '관리'를 도입하지 않았다. 대신 역할별 기준표를 만들었다. 자율(正) 안에서 책임을 명확히 하는 설계(合)였다.

## [사례 ②] 수평 문화의 딜레마

직급 없이 모두가 친구처럼 지낸 회사. 중요한 이슈 앞에서 누구도 결정을 내리지 않았다. 회의록만 쌓이고 실행은 멈췄다. HR은 회의 체계를 바꾸지 않고 '의사결정 권한맵'을 설계했다. 수평 문화(正)를 지키면서 실행 지연(反)을 넘어 구조적 질서(合)를 만든 것이다.

[사례 ③] 위임 확대의 반작용

각 팀에 강한 권한을 부여한 조직. 자율적 실행은 살아났지만 방향은 팀마다 달랐다. 전사 회의에서 각 팀 발표가 서로 다른 회사 이야기 같았다. HR은 위임(正)을 회수하지 않고 'OKR 기반 목표 연동 시스템'을 도입했다. 자유롭게 목표를 정하되, 상위 전략과 연결된 구조 안에서만 움직이게 한 것이다.

## 운영이 균형을 만든다

정반합은 추상적 철학이 아니라 실제 운영 속에서만 살아 있는 구조 원리다. 어떤 '운영 가치'를 강화하는 순간, 반드시 반작용이 발생한다. HR의 역할은 그 반작용을 처음부터 예상하고 보완 장치를 함께 설계하는 데 있다.

| 운영 가치 | 강화 효과 | 발생 리스크 |
|---|---|---|
| 자율 | 창의성, 몰입, 빠른 실행 | 책임 회피, 우선순위 혼란, 기준 붕괴 |
| 위임 | 리더십 분산, 실행력 강화, 주도적 실행, 팀 조도성 | 전략 방향 약화, 전략 단절 |
| 수평 문화 | 심리적 안전, 아이디어 공유, 현업 촉진 | 실행 지연, 리더십 공백, 결론 흐름 정체 |

| 소진성 | 빠른 실행, 명확한 체계 | 창의성 저하, 위계 경직 |
|---|---|---|
| 정량화 | 평가 공정성, 목표 · 실행 기준 명확화 | 수치 중심 운영, 질적 성장 무시 |
| 정성 기준 | 관계 중심 성장 | 주관적 평가 리스크 |
| 통제 | 리스크 최소화, 관리 용이, 예측 가능성 · 안정성 확보 | 혁신 억제, 책임 회피, 경직, 창의성 위축, 책임 넘기기 |
| 방향성 | 전략 일관성, 중복 제거, 리소스 집중 | 유연성 저하, 팀볼, 맥락 무시 |
| 성장 지향 | 시장 확장, 인재 확보, 조직 동력 · 활력 확대 | 수익성 약화, 과잉 투자, 내부 붕괴, 실행 과부하 |
| 신뢰 기반 | 자율성, 장기 성장 기반 | 리스크 방치 가능성 |
| 변화/안정 루틴 | 혁신, 민첩성 확보, 효율 반복 구조 확보 | 변화 스트레스, 반복 무감각 |
| 인재 중심 | 몰입과 성과 유도, 핵심 인재 유치 | 의존성 과다, 대체 불가 리스크 |

표를 보면 알 수 있듯이, 어떤 가치도 단독으로 '정답'이 될 수 없다. 자율과 통제, 정량화와 정성 기준, 성장 지향과 안정 루틴은 서로 대립하는 것처럼 보이지만, 실제로는 동시에 필요한 것들이다. 한쪽만 밀어붙이면 반대편 축이 반드시 뒤틀린다. HR이 해야 하는

일은 어느 한쪽을 선택하는 것이 아니라, 양쪽의 긴장을 조율하는 것이다.

## 균형을 만드는 다섯 가지 방법

첫째, 작은 실험으로 시작하라. HR 설계 실패의 대부분은 '좋은 제도'가 없어서가 아니라, 너무 갑작스럽고 크기 때문이다. 단일팀, 단일 상황에서 '예외'를 먼저 만들어 보는 것이다. 결과가 좋으면 확산하고, 반응이 미미하면 조정한다.

둘째, 리더를 '중간 설계자'로 활용하라. HR이 아무리 정교한 기준을 만들어도 리더가 설득력 있게 적용하지 못하면 조직은 반발한다. "일괄적으로 주 1회 재택근무"가 아니라, "각 팀이 기준을 정해 자율적으로 설계하되, 2주간 사례를 공유하자"는 접근이 필요하다.

셋째, 경험에서 인식이 나오게 하라. 조직은 말로 바뀌지 않는다. 수평성 강화 이후 회의가 늘어졌다면, 경고하기보다는 "회의 발언 빈도수"와 "결정 지연 건수"를 비교해서 보여준다. 구성원 스스로 체감해야 바뀐다.

넷째, 결과보다 흐름을 먼저 설계하라. "OKR을 전사적으로 도입하자"보다, "현재 목표 간 단절이 문제다 → 팀별로 상위 목표와 연동 실험 → 결과를 통해 구조 설계"라는 경로 설계가 더 강력하다.

다섯째, 피드백 프로세스를 구조화하라. 균형은 한 번 맞췄다고 끝나지 않는다. 제도 도입 후 팀별 현장 리포트를 수집하고, 리더 간 설계 리팩토링 워크숍을 진행하는 방식이다. HR의 진짜 역할은 이 반복 구조를 설계하는 데 있다.

## 성장은 흐름이다

조직은 단순히 커지는 존재가 아니다. 커지면서 흐름이 무너지고, 기준이 흐려지며, 구성원들은 지친다.

Seed에서 Pre-A에 해당하는 초기 단계에서는 소수 인원이 빠르게 의사결정을 내리며, 제도는 미비하지만 혼란과 유연성이 공존한다. 이 시기에는 '제도'보다 '루틴' 중심이어야 한다. 매일 바뀌는 시장 속도에 맞춰 다시 움직일 수 있는 리듬을 유지하는 것이 핵심이다.

Series A에서 B로 넘어가는 성장기에는 팀이 확장되고 인력이 증가하면서 역할 중복이 발생하고 책임의 경계가 모호해진다. 새로운 인재가 대거 유입되고 복잡성이 급증하는 시기다. 많은 조직이 '자율'을 강조하면서 '책임 구조'는 빠뜨린다. "왜 이 일을 하고 있는지"에 대한 감이 사라지기 시작한다.

Post-B에서 D에 이르는 성숙기에는 정형화에 대한 요구가 증가하고, 일은 많은데 정리는 안 되며, 관리의 필요성이 본격적으로 대두된다. "왜 이렇게 바쁜데 정리는 안 되지?"라는 말이 나오기 시작하는 시점이다. '관리'가 구조로 재해석되어야 할 타이밍이지만, 지나치게 경직되면 관료화의 늪에 빠진다.

상장이나 글로벌 진출을 앞둔 재도약기에는 시장과 팀이 다변화되면서 문화 충돌이 발생하고, 전략이 분산되는 리스크가 존재한다. 사업은 확장됐지만 내부는 속도와 언어, 문화가 서로 다르다. HR은 설계자가 아니라 '조율자'로 움직여야 한다. 모두가 같은 악보를 읽고 다르게 연주하되, 같은 곡을 만들도록 리듬을 설계해야 한다.

그리고 혼란기. 피로가 누적되고 방향을 상실하며, 규칙보다 감각 자체가 무너지는 것이 문제가 된다. 이 시기에는 제도를 추가하는 것이 아니라 감각을 복원하는 작업이 우선이다. 무너진 조직에 복잡함을 더하는 게 아니라, 단순한 흐름을 회복시키는 것.

가장 위험한 것은 이전 단계의 감각으로 현재를 해석하는 것이다.

**정반합을 설계하는 사람**

HR은 더 이상 '좋은 제도'를 도입하는 기술자가 아니다. 조직이라는 유기체 안에서 균형이 무너지는 지점을 감지하고, 파동이 퍼지기 전에 흐름을 조율하는 설계자이자 관찰자다.

HR이 해야 할 일은 '좋은 가치'를 밀어붙이는 것이 아니다. 그 가치가 만들어낼 반작용을 예측하고, 조직을 보호할 구조를 함께 설계하는 일이다.

정반합은 철학이 아니다. 긴장과 충돌 속에서 반복적으로 조율되는 리듬이고, 그 리듬을 끊임없이 튜닝하는 것이 진짜 운영이다.

좋은 HR은 균형을 '그리는' 사람이 아니라, 균형이 일어날 수 있도록 '흐름을 만드는' 사람이다.

# AI시대 HR, 인간은 끝내 비합리를 선택한다

**데이터가 완벽해질수록, 사람은 납득하지 않는다**

AI의 발전은 이제 HR의 거의 모든 영역에 도달했다. 채용 공고의 문장을 다듬고, 면접 질문을 자동 생성하며, 평가 리포트를 정리한다. 인사 담당자는 어느새 '사람을 관리하는 직무'에서 '데이터를 다루는 직무'로 바뀌었다. 정확도는 높아지고 속도는 빨라졌지만, 이상하게도 HR의 고민은 줄지 않는다. 오히려 복잡해진다.

시스템이 합리적으로 정리될수록, 사람의 감정은 그 합리를 받아들이지 못하기 때문이다.

현장에서 들리는 질문은 늘 비슷하다. "AI가 HR을 얼마나 바꿀 수 있을까요?" 하지만 나는 오히려 이렇게 묻고 싶다. AI가 HR의 본질을 얼마나 바꿀 수 있을까?

자동화는 시작일 뿐이다. 진짜 질문은 'AI가 만들어낸 결과를 인간이 받아들일 수 있을까'에 있다. 데이터는 명확한데, 사람은 납득하지 않는다. 숫자는 냉정한데, 감정은 복잡하다. AI가 발전할수록 HR은 역설적으로 '인간의 비합리성'을 다뤄야 하는 일이 된다.

HR은 결국 '사람이 납득하는 구조'를 만드는 직무다. 아무리 정교한 알고리즘이라도, 구성원이 "왜 나만 이렇게 평가됐나요?"라고 묻는 순간, 그 합리는 작동을 멈춘다. 시스템은 논리로 움직이지만, 조직은 감정으로 움직인다.

AI가 정답을 계산할수록, 사람들은 그 정답이 싫어진다. 결국 HR은 '정답의 시대'에 '이유의 언어'로 일해야 하는 직업이 되었다.

## AI는 합리의 언어를 쓰고, 인간은 예외의 언어로 대답한다

AI는 이미 HR의 절반쯤을 대체하고 있다. 채용에서는 적합도를 예측하고, 평가에서는 성과 데이터를 분석하며, 보상에서는 시장 수준을 제시한다. 사람보다 피로하지 않고, 더 일관되고, 감정의 영향을 받지 않는다.

하지만 HR의 본질은 여전히 '판단'이다. 이 사람을 뽑을 것인가, 이 평가가 공정한가, 이 보상이 동기를 줄 것인가. 이런 질문에는 데이터로 설명할 수 없는 인간적 맥락이 섞여 있다.

최근에는 AI가 '의사결정 보조' 역할까지 한다. 언뜻 객관적이고 공정해 보이지만, 실제로는 리더가 그 데이터를 어떻게 해석하느냐에 따라 결과는 전혀 달라진다. AI의 문제는 정확도가 아니라, 인간이 그 정확도를 받아들이는 태도다.

대표는 알고 있다. AI가 제시한 답이 논리적으로 옳다는 걸. 하지만 그는 그 답을 선택하지 않는다. 아니, 선택하고 싶지 않다.

HR은 매일 그 장면을 본다. 누가 봐도 역량이 부족한데 "그래도 인성이 좋아서" 채용이 결정되고, 데이터상으로 성과가 낮지만 "요즘 좀 힘들어 보이잖아"라는 이유로 평가가 완화된다. AI가 A를 추천했는데, 대표는 "근데 B가 말이 잘 통하잖아"라며 B를 뽑는다. AI는 객관을 제시하지만, 인간은 관계를 선택한다.

결국 AI는 판단의 주체가 아니라 리더의 결정을 정당화하는 도구가 된다. "AI도 그렇게 분석했잖아."라는 말 한마디면 논의는 끝난다. 그러나 그 결정의 출발점은 여전히 리더의 감정이다. 데이터를 먼저 보고 판단하는 게 아니라, 판단을 먼저 하고 데이터를 가져다 붙이는 거다.

여기서 HR의 현실적 고민이 시작된다. 조직은 본질적으로 비합리적이고, 비동기적이며, 불균형한 시스템이다. 어떤 팀은 목표를 초과 달성하지만 다른 팀은 방향을 잃고, 어떤 구성원은 냉정하게 일하지만 누군가는 관계를 중시한다. AI는 이런 불일치를 '변수'로 계산하지만, HR은 '사람의 상황'으로 감당해야 한다.

과거에는 "판단이 어렵다"가 고민이었다면, 이제는 "판단이 맞는데 왜 받아들이지 않을까?"가 문제다. 데이터로 입증된 결과를 '정답'으로 내놓아도, 구성원은 그걸 '공정하다'고 느끼지 않는다. 공정함은 논리의 문제가 아니라 납득의 문제이고, 납득은 감정의 영역이다.

예를 들어, 데이터상 'A'가 승진 대상인데 리더가 'B'를 올리고 싶어 한다면, HR은 그 사이에서 정당성과 납득을 동시에 확보해야 한다. 숫자와 사람 사이에서 완충 역할을 하는 것이다. 데이터가 맞다는 걸 알아도, 사람은 "그래도 나는 다르게 느낀다"고 말한다. HR은 바로 그 논리적 결과와 감정적 반응 사이의 불일치를 관리해야 한다. AI가 정답을 제시할수록 인간은 예외를 만든다. "그렇긴 하지만…"

이라는 말 속에 인간의 본성이 있다. HR은 그 예외의 여백에서 일한다. 시스템은 이상적인 모델을 만들지만, 실제 현장은 늘 그 모델의 밖에서 움직인다. AI가 논리를 제공한다면, HR은 그 논리가 현장에 작동하게 만드는 실행 담당자다.

**기술은 판단을 대신하지만, 감당은 여전히 인간의 몫이다**

AI는 점점 더 정교해질 것이다. 채용, 평가, 보상, 승진 등 대부분의 의사결정은 데이터 기반으로 정렬될 것이다. 그러나 사람의 감정은 그 속도를 따라가지 못한다.

HR의 역할은 바로 그 속도 차이와 수용의 간극을 관리하는 일이다. 아무리 정교한 모델이라도, 구성원이 납득하지 않으면 조직은 움직이지 않는다.

AI가 만드는 건 '정답'이다. 하지만 HR이 다루는 건 '이유'다. 정답은 논리로 움직이지만, 이유는 인간을 움직인다.

그래서 HR은 더 이상 추상적인 전략가나 설계자가 아니라, 데이터가 실제로 조직에서 작동하도록 조정하고, 감정적 반발을 관리하며, 결과를 현실에 연결시키는 실행 관리자다.

AI는 수많은 데이터를 학습하지만, 한 사람의 억울함이나 자존심, 기대와 불안 같은 감정은 계산하지 못한다. HR은 그 감정을 무시하지 않으면서도 조직의 효율이 무너지지 않게 제도를 운영해야 한다.

기술은 판단을 대신하지만, 책임은 여전히 인간에게 남는다.
AI가 합리의 세계를 완성할수록, HR은 인간의 비합리를 관리해야 한다. 숫자는 언제나 옳지만, 사람은 언제나 다르다. 시스템은 논리로 완성되지만, 조직은 감정으로 움직인다.

결국 AI는 판단의 기술을 배우겠지만, 그 판단의 결과를 감당하는 건, 여전히 HR이다.

# 제2부

## 대표와 리더 그 사이 (리더십)

# 리더는 결론이 아니라 사고 과정을 공유해야 한다

················································

**리더는 결론이 아니라 사고 과정을 공유해야 한다**

리더십을 이야기할 때 우리는 흔히 '결단력'을 먼저 떠올린다. 빠른 판단과 명확한 결론이 리더의 덕목처럼 강조된다. 특히 스타트업일수록 '누가 더 빠르게 결론을 내리느냐'가 중요한 역량처럼 보인다.

그러나 그 말속에는 위험한 전제가 숨어 있다. 결론만 내리면 된다는 착각이다.

결론은 방향을 알려줄 수는 있지만, 왜 그 방향을 선택했는지는 알 수 없다. 결론이 단독으로 소비되는 순간, 리더가 가진 문제의식과 배경, 경험과 가치관은 사라지고 남는 것은 '해야 할 일'뿐이다.

맥락이 빠진 결론은 누구에게나 다르게 해석된다. "고객 중심으로

가자"라는 말 하나에 10명이 10개의 해석을 한다. 리더가 판단의 맥락을 공유하지 않으면, 조직은 제각기 다른 렌즈로 같은 문장을 해석하고, 그 차이는 오해와 갈등으로 연결된다.

## 해석의 차이가 정치로 이어질 때

한 스타트업에서 실제로 있었던 일이다. 대표가 회의에서 "우린 시장에서 속도가 생명이다"라고 말했다. 하지만 팀마다 해석은 달랐다.

영업팀은 "계약을 무조건 따내라"는 압박으로, 제품팀은 "완성도를 일부 포기해도 된다"로, 운영팀은 "보고 절차도 줄여야 한다"는 신호로 해석했다. 대표의 본래 의도는 단순히 '속도라는 가치를 놓치지 말자'였다. 그 의도에 이르기까지의 맥락이 공유되지 않은 채 결론만 전달되자, 세 팀이 세 방향으로 달려간 거다.

이때 대표와 오래 함께한 사람만이 맥락을 해석할 수 있었고, 그 영향력은 곧 소식 내 정치로 굳어졌다. 누군가가 "대표의 진짜 의도를 안다"고 말하는 순간, 그 사람은 조직 내에서 영향력을 얻는다. '대표와의 거리'가 권력이 되는 구조. 실력이 아니라 해석권이 권력이 되는 순간이다.

## 철학책이 두꺼운 이유

철학자들의 책이 두꺼운 이유도 바로 여기에 있다. 결론 몇 줄만 적어두었다면 아무도 그 철학을 이해할 수 없었을 것이다.

칸트의 "인간은 수단이 아니라 목적으로 대우받아야 한다"는 문장만 떼어내면 단순한 도덕 교훈처럼 들린다. 하지만 칸트는 수백 쪽에 걸쳐 인간을 이성적 존재로 규정하고, 자유 의지를 전제로 한 도덕법칙을 세운 뒤 그 결론에 이르렀다. 결론은 한 문장이지만, 그에 이르는 길은 전제-전개-보완-반박을 포함한 긴 논리 구조였다.

이 결론조차 당대에 반박을 받았다. 벤담은 다수의 행복이 우선될 수 있다고 주장했고, 니체는 보편 윤리는 허구라고 공격했다. 하지만 이런 반박까지 함께 읽어야 칸트가 왜 그런 결론을 내렸는지, 그 결론이 왜 여전히 유효한지 이해할 수 있다.

결론만 던져놓으면 언제든 오해되거나 반박에 취약해진다. 논리의 궤적을 읽어야만 "동의는 못하지만 이해는 한다"라는 지점에 도달할 수 있다.

## 사고 과정은 안전장치이자 학습 기회다

결론은 상황에 따라 달라질 수 있다. 그러나 그 결론을 도출한 기준과 판단의 흐름은 리더가 어떤 가치관을 갖고 있는지를 드러낸다.

구성원은 그 과정을 통해 "이 리더는 이런 상황에서 이런 기준을 우선한다"는 학습을 한다. 그 학습이 쌓이면 조직은 정치가 아니라 신뢰로 운영된다. 결론만 지시로 남을 때는 리더가 매번 설명해야 하지만, 생각의 경로가 공유되면 학습된 기준이 조직 전체의 사고 습관으로 내재화된다.

예를 들어 어떤 대표가 "단기적으로는 손해일 수 있다. 하지만 장기적으로 고객 경험을 강화하는 방향이기에 간다"라고 공유하면, 구성원은 단기 성과만으로 대표를 평가하지 않는다. "대표는 고객 경험을 우선하는 기준을 갖는다"라는 학습을 한다. 결론이 달라져도 기준은 변하지 않기 때문에 신뢰가 쌓인다.

## 구호는 결론의 다른 이름일 뿐이다

많은 기업은 이 과정을 생략한 채 비전과 미션, 핵심 가치만 내세운다. 화려한 구호는 있지만 왜 그 방향을 선택했는지는 공유되지 않는다. 결국 사람들은 비전을 진심으로 따르지 않고 맞히기 위한 정답지처럼 다룬다. "고객 최우선"이라고 벽에 써놨는데 정작 왜 고객이 최우선인지 아무도 모른다.

젠슨 황, 스티브 잡스 같은 인물들의 인터뷰를 떠올려 보자. 그들의 대화는 결코 짧지 않다. 회사를 세운 이유, 비전을 세운 사유, 운영 방식을 선택한 배경을 길게 설명한다. 우리는 멋져 보이는 한두 문장만 기억하지만, 실제로 중요한 것은 그 문장을 낳은 맥락과 긴 사유의 과정이다. 그 과정을 생략한 채 문장만 베껴 쓰면 구호가 될 뿐 살아 있는 기준은 되지 못한다.

## 생각의 결을 드러내는 용기

자신의 판단 근거를 드러내는 일은 쉽지 않다. 리더 자신도 불완전한 인간이기에, 그 과정은 허점과 모순으로 가득 차 있다. 완벽해 보이려고 결론만 던지는 게 훨씬 편하다.

하지만 바로 그 불완전함을 드러내는 용기가 리더십의 본질이다. 사고의 맥락을 공유하는 리더는 단순한 결단자가 아니라 기준을 함께 세워가는 사람으로 보인다. 조직은 결론을 따르는 집단에서 벗어나 판단의 기준을 학습하는 공동체로 성장한다.

사람들은 완벽한 결론보다 불완전하지만 솔직한 고민의 궤적을 더 신뢰한다.

## 답보다 중요한 것은 길

리더는 결론을 내리는 사람이 아니다. 결론은 순간이지만, 사고의 흐름은 문화가 된다.

"왜 이 선택을 했는가"를 알게 되면, 동의하지 않아도 이해할 수 있다. 이해는 행동의 일관성을 만들고 신뢰로 이어진다. 한 조직이 지속적으로 같은 힘을 발휘할 수 있는 이유는 결론의 적중률 때문이 아니라, 그 결론을 낳은 판단의 맥락이 공유되었기 때문이다.

결국 리더가 남겨야 할 것은 답 그 자체가 아니다. 답에 이르는 길, 그 길을 함께 걸어가도록 열어놓는 것이다.

# CEO 수난 시대 : 비자발적 성장과 진화

**스타트업의 성장통은 굉장히 다양하게 나타난다.**

투자의 단계에 따라 비즈니스/조직/시스템/경영진의 변화가 진행된다. 자의든 타의든 결국 이루어지긴 한다.

그런데 항상 마지막에, 제일 어렵고 제일 노답인 부분이 바로 CEO의 역할이다.

산업군, BM, 창업자 나이와 배경이 다 다름에도 불구하고 항상 아래 포인트들에 대해서는 쉽게 놓지 못한다. 30명 정도의 대표들에게서 정리해 보았다.

- 채용 : 좋은 사람인지 검증하기보단 빅테크/대기업 배경을 선호하거나 처우협상 결정권에만 관심을 가진다.

- 보상 : 공정한 보상 정책보다 자신만의 특색 있는 정책을 원 하거나, 좋아하는 인원들에게 더 대우해 주지 못할까 걱정한다.

- 재무 건강한 재무 관점보다 모든 비용을 통제하며 매일 통장 잔고를 보며 불안해한다.

- IT Tool : 보안 정책 수립보다 개별 권한을 직접 관리하며 정보를 혼자 보는 것으로 안전감을 느낀다.

- 구설수 : 공식 리뷰/피드백보다 구성원들 사이의 여론이나 구설수에 더 관심을 가진다.

- 마케팅 : 브랜딩은 나만이 총괄할 수 있으며, 경력과 무관한 나의 감각이 제일 중요하다.

- 네트워킹 : 내가 만나고 교류하는 사람들이 회사와 나의 급을 결정한다.

- VoC : 내 생각과 맞는 보이스는 인사이트를 강화시키지만 맞지 않는 보이스는 소수의 예외이다.

**문제는 이 영역들을 대표가 위임하지 못한다는 것이다.**
유니콘인데노 빅테크 출신 C레벨들이 있음에도 여전히 넘기기를 힘들어하며 억지로 참으려고 노력하는 대표를 봤다.

스타트업은 성장하면서 시니어들을 채용하게 된다. 시리즈 A때 5

년 차를, B때 10여 년 차를, C때 20여 년 차를. 그 영역만을 전문으로 했다면 대표보다는 전문가이다. 스타트업의 채용은 시간을 세이브하기 위해서다. 동일한 경험을 내가 하려면 5~10년이 걸리는데, VC는 그러라고 투자하지 않는다. 그 시간/경험을 돈으로 샀기에 기존 기성 기업들과 빠르게 경쟁하는 것이다.

문제는 이 모든 것을 대표는 알고 있다.

VC들도 말하고 멘토들도 말하고 지인 대표들도 말한다. 그런데도 인정하기 어렵다. 일반적으로는 전문가가 더 잘 알겠지만, 내 회사는 유니크하기에 이 유니크한 경험은 나만이 알고 있다는 생각이 모든 것을 막는다. 여기서 한 발짝 더 나가면 회사의 유니크함이 대표의 영웅화로까지 간다.

뚝심과 의지력은 필요하다. 그게 기업가정신이다. 하지만 자신의 신성화는 별개다. 해당 영역의 지식/경험에서 자신이 마스터라고 생각하면 다른 이의 말을 듣지 않게 된다. 모차르트 같은 천재도 피아노를 배우는 데 몇 년은 동일하게 썼다.

회사의 특수성 + 대표의 영웅화가 결합되면 어떤 보편성도, 어떤 석학의 조언도 통하지 않는다.

대표가 놓지 못하는 영역들을 보면 크리에이티브나 철학/주관의 영역으로 보인다. 하지만 그 영역들도 경험과 전문성이 필요한 영역이다. 인사이트도 경험이 있어야 나오고, HR도 수많은 케이스를 통해 보편성을 가지고 가야 한다. 수만 년 인류 역사가 그냥 쌓인 것이 아니다.

이는 대표가 겪어야 할 피할 수 없는 성장통이다. 내가 잘한다고 생각했던 것들이 도전받고, 전문가들이 가져간다. C레벨을 뽑아서 넘겨야 함에도 이중적 마음이 존재한다. 회사 성장을 위해서는 넘겨야 하는데 넘기기 싫다. 이 성장통을 제대로 극복하지 못하면 좋은 경영자로는 가기 어렵다.

**그러면 대표는 어떤 일을 해야 할까?**
표준화하기는 어렵지만, 전문성이 필요한 영역은 전문가에게 맡기고 인정해야 함은 부조건 필요하다.

무엇보다 메타인지가 필요하다. 내가 아는 회사, 내가 아는 비즈니스, 내가 아는 시장은 존재하지 않는다. 그 순간이었을 뿐 회사가 성장하며 그 요소들도 끊임없이 바뀐다.

- 정책/기준 수립 — 마이크로 한 가이드가 아니라 큰 틀만 잡아
  주고, 집행과 실행은 담당자에게 넘긴다. 대표는 결과 위주로 보
  고받고 의사결정만 하면 된다.
- 비전 공유 — 대표는 회사의 마스코트다. 직원들이 그저 그런
  회사원이 되지 않기 위해 대표만은 몽상가이자 도전가로 남아
  있어야 한다.
- 외부 커뮤니케이션 — 투자자, 시장 등 외부 이해관계자들은 결
  국 대표와 대화한다. 실제 문제 해결은 실무에서 이루어져도 테
  이블에는 대표가 참석한다.
- 불편한 의사결정의 책임자 — 회사 차원의 메시지가 마냥 좋기
  만 할 수는 없다. 실무 차원에서 진행되면 쉽게 정치로 변질된
  다. 이것의 시작점이자 마침표는 대표다.
- 리소스 조율자 — 돈/인력/시간은 한정되어 있고 모두가 급하다
  고 한다. 이때는 대표가 의사 결정해야 한다. 단, 초기처럼 직감
  대로 막 하라는 의미는 절대 아니다.

위의 역할들은 매우 어렵고, 대부분 시간은 기다리고 참아야 한다.
근데 원래 대표란 존재가 그런 것이다.

다만 주의할 점이 있다. 이런 이야기들이 글자 그대로 학습되면 이상해진다.

"대표는 채용을 제일 중요하게 생각해야 한다. 사람들을 뽑아서 넘겨야 한다." 말은 맞다. 근데 채용도 필요할 때 해야 하고, 검증할 수 있을 때 뽑아야 하고, 조직이 준비되어 있는지를 봐야 한다. 유명한 사람들 만나서 다 스카우트하라는 말이 절대 아니다.

"좋은 조언자들이 필요하다." 이것도 맞다. 근데 아무나 자문/고문으로 앉히라는 말이 아니고, 모든 의사결정을 보고해서 의견을 받아오라는 말이 아니다.

**스타트업은 결국 대표가 모든 것이다.**
대표에 대한 고민은 회사 성장에 가장 깊숙이 관여되며 가장 어려우며 가장 바뀌지 않는다. 대표 학교가 있는 것도 아니고, 성장하라고는 하는데 성장에 대한 기다림은 없고, 모든 것을 다 책임지게만 한디.

미안하지만 그래도 대표는 그래서 대표라고 생각한다. 피할 수 없다. HR로서 내 역할을 최선을 다하며 대표를 도와줄 뿐이다.

## 대표를 바꾸려 하지 마라, 환경을 바꿔라

### 대표님은 변화하나요?

HR 주니어분들을 만나면 가장 많이 듣는 질문이다. 회사가 작을 때는 농담처럼 던질 수 있지만, 조직이 커질수록 이 질문은 점점 무거워진다. 회의실에서 말하지 못한 채 메모장에 적어두거나, 퇴근길에 혼자 곱씹거나, 술자리에서 조심스럽게 흘러나온다.

결론부터 말하면, 대표는 변화하지 않는다. 아니, 변화시킬 수 없다.

우리는 흔히 '대표'를 한 사람의 성격, 태도, 고집으로 인식한다. 하지만 조직에서 우리가 상대하는 대표는 개인 그 자체라기보다는 대표라는 역할을 수행 중인 상태에 가깝다. 이 둘을 분리하지 않으면 해석은 계속 어긋난다. 개인에게 던진 말이 대표에게는 공격으로 들리고, 대표에게 필요한 이야기가 개인에 대한 비난처럼 받아들여진다.

## 왜 대표는 변화하기 어려운가

개인과 대표는 같은 사람이지만, 같은 존재는 아니다

회사가 어느 정도 규모를 넘기면 대표는 더 이상 '나'의 선택을 하는 사람이 아니다. 구성원, 그 가족, 거래처, 투자자까지. 모든 이해관계가 결정 하나에 동시에 얹힌다. 대표의 판단은 개인의 취향이 아니라 책임의 총합으로 변화한다. 개인이라면 하지 않을 선택을 대표로서는 해야 하는 순간이 반복된다. 그래서 판단이 보수적으로 보이고, 때로는 고집스러워 보인다.

같은 사람인데 다른 존재, 이게 대표다.

## 대표가 쉽게 변화하지 않는 진짜 이유

- 억한 미음 : "변화가 필요할 것 같다"라고 말하는 순간, 대표 머릿속에는 "그럼 지금까지 내가 해온 건 다 틀렸다는 말인가?"라는 해석이 먼저 떠오른다. 우리가 하고 싶은 말은 "그때는 맞았고, 지금은 상황이 달라졌다"일 뿐인데, 대표에게는 과거의 선택

과 성과까지 함께 부정당하는 느낌이 된다. "바꾸자"는 말이 "틀렸다"로 들리는 순간, 대화는 끝난다.

- 두려움과 불안. 지금까지의 방식이 정답이었는지는 몰라도, 이 방식으로 여기까지 온 건 사실이다. 남의 조언을 받아들여 방향을 바꿨는데 결과가 나쁘면, 책임은 결국 대표에게 돌아온다. 그래서 본능적으로 "검증된 내 방식"으로 돌아가려 한다. 완벽해서가 아니라, 최소한 내가 책임질 수 있는 선택이기 때문이다.

- 진짜로 본인이 제일 잘 안다고 믿는다 : 대표는 수치로 정리되기 전의 맥락부터 이 문제를 지켜봤다. 회의 자료에 담기지 않은 뒷이야기, 시도했다가 접은 아이디어, 말로 꺼내지 못했던 우려까지 모두 알고 있다. 누군가 정제된 안을 가져오면, 머릿속에는 이미 수십 개의 반례와 실패가 동시에 떠오른다. 대표의 머릿속에는 이미 10화까지 나온 드라마가 있는데, 다른 사람들은 1화부터 설명해달라고 하는 셈이다.

## 그런데 왜 큰 회사 대표들은 달라 보일까

대표는 스스로 변화하지 않는다. 대신, 변화해야 할 상황이 오면 변화한다. 어쩔 수 없이.

이 차이를 만드는 건 인격의 성숙함이 아니라 환경의 압력이다. 말

한마디가 기사로 나가고, 사내 농담이 외부에서 공식 입장처럼 해석된다. 변화하고 싶어서가 아니라, 변화하지 않으면 회사가 흔들리기 때문에 변화한다. 성숙해 보이는 건 성숙해서가 아니라, 성숙하게 행동하지 않으면 안 되는 환경 때문이다.

## 그럼 지금 대표님을 대하는 현실적인 방법

핵심은 대표를 변화시키겠다는 목표를 내려놓는 데 있다. 대신 대표가 그렇게 판단할 수밖에 없는 구조를 만드는 것이다. 변화는 요구로 만들 수 없지만, 판단의 조건으로는 만들 수 있다.

- 프레임 만들기 : "이건 안 됩니다"로 시작하면 디테일 싸움으로 빠진다. 대신 '컴플라이언스', '외부 노출 리스크', '투자 단계에서의 신뢰'처럼 대표가 부정하기 어려운 큰 틀을 먼저 꺼낸다. 그러면 논쟁의 초점이 "되냐 안 되냐"에서 "이 프레임 안에서 어떤 선택이 맞느냐"로 바뀐다. 싸움의 판을 바꾸는 거다.
- 말하는 방식 바꾸기 : "이렇게 하면 안 됩니다"보다 "이렇게 하면 이게 더 좋아집니다"라는 어투를 쓴다. 단, "좋아집니다" 뒤에는 반드시 숫자, 비용, 리스크 감소가 따라와야 한다. 그렇지 않으면 조언이 아니라 의견으로 소비된다. 잔소리는 "시키는 대로 한 결정"만 남기지만, 제안은 대표가 스스로 선택한 경영 결

정으로 남는다.

- 구체적인 페널티 알려주기 : 무조건 지켜야 하는 규칙이라면 돌려 말하지 않는다. 형사처벌, 벌금, 투자 조건 악화처럼 실제 페널티를 구체적으로 말한다. 다만 "해야 합니다"로 끝내지 말고, 이 선택이 이후 어떤 선택지를 닫아버리는지 기회비용을 보여준다. "해야 해서"가 아니라 "이게 더 낫기 때문에" 선택하게 만드는 거다.

**대표를 변화시키려는 순간, 이미 역할을 잘못 이해한 것이다**

대표는 변화하지 않는다. 이 문장을 받아들이는 순간, 오히려 할 수 있는 일의 범위는 더 또렷해진다.

대표 옆에 있는 사람들의 역할은 설득자나 조언자가 아니다. 대표의 선택이 조직 전체에 미치는 영향을 번역해 주는 사람이다. 감정의 언어를 비용의 언어로, 직감의 판단을 구조의 문제로 바꿔주는 역할이다. 이 작업이 쌓일수록 대표의 판단은 서서히 이동한다.

회의에서의 말투가 그대로일 수도 있고, 의사결정 속도가 여전히 빠를 수도 있다. 하지만 어느 순간 결정의 기준이 변화하고, 리스크를 바라보는 눈높이가 달라진다. 조직 변화는 대부분 이런 조용한 기준 이동에서 시작된다.

대표는 변화하지 않는다. 대신 대표가 선택하는 환경은 변화할 수 있다. 그리고 그 환경을 만드는 사람이 있을 때, 조직은 생각보다 덜 아프게 다음 단계로 넘어간다.

# 전능감(全能感)을 내려놓아야 대표는 완성된다

## 권력과 전능감은 이렇게 태어난다

대표라는 자리는 애초부터 권력을 쥐고 시작하는 자리가 아니다. 창업 초기에 대표는 명함만 있을 뿐, 실질적인 힘은 없다. 매출도 없고, 투자도 없고, 조직도 없다. 그때 대표를 버티게 하는 건 단 하나, 입과 몸이다. 말로 설득하고, 몸으로 버티며, 모든 결정을 홀로 짊어지는 것.

그런데 시간이 흐르면 상황이 바뀐다. 설득력과 헌신력으로 버티던 힘이, 형식적 권력(Formal Power)으로 변한다. 의사 결정권, 자원 배분권, 인사권, 보상권… 회사의 심장과 혈관이 전부 대표 손에 모인다. 이때부터 대표는 한 가지 착각에 빠진다. "이건 회사의 권력이 아니라, 내 권력이다."

이 시점에서 대표는 '대표'라는 역할과 '나'라는 존재를 분리하지 못하게 된다. 회사에 대한 비판이 곧 나에 대한 공격처럼 느껴진다. 대표 = 회사, 나의 판단 = 회사의 판단.

이게 바로 전능감의 탄생 순간이다. 단순한 오만이 아니다. 처음부터 모든 것을 직접 책임지며 살아남아야 했던 경험이, 시간이 지나면서 권력 구조와 뒤엉켜 절대 권력감으로 변한 것이다. 한 번 이 감각이 자리를 잡으면, 권력을 내려놓는 순간 리더십이 무너질 것 같은 두려움이 따라온다.

대표 역시 사람이다. 불안하고, 조직이 무너질까 두렵고, 나를 믿고 따라오는 사람들을 실망시키고 싶지 않다. 그래서 더 많이 개입하고, 더 오래 쥐고 있고 싶어진다. 전능감은 오만함이 아니라, 때로는 책임감의 또 다른 얼굴이기도 하다. 문제는 그 감각이 회사를 구하던 힘에서, 회사를 묶는 족쇄로 변하는 순간이다.

### '내가 제일 잘 안다'는 함정

대표의 전능감은 '모든 것을 다 알고 있어야 한다'는 부담과 맞닿아 있다. 매출, 마케팅, 채용, 기술, 투자자 관리… 대표는 모든 영역을 이해해야 한다고 생각한다. 문제는 여기서 한 걸음 더 나아가 '모든 걸 내가 제일 잘 안다'는 확신으로 굳어지는 순간이다.

이때부터 대표의 판단은 경험과 직관이 아니라 '나만이 할 수 있다'는 신념 위에서 이루어진다. 그러나 조직이 커질수록 대표가 모든 것을 가장 잘할 수 없게 된다. 그럼에도 '잘 모른다'는 것을 인정하지 못하면, 판단의 질은 떨어지고 의사결정의 속도만 남는다.

30년 동안 대기업을 거쳐 임원까지 오른 사람조차 모든 영역을 다 알 수 없다. 합리성이 곧 전문화이기 때문이다. 창업 초기의 통찰력과 실행력은 창업가의 것이지만, 사람을 다루는 일, 자금을 관리하는 일, 브랜드를 성장시키는 일은 모두 성격이 다르고, 각각에 맞는 전문가가 필요하다.

**시스템도, 사람도, 법인도 '내 것'이라는 착각**

① 시스템화를 꺼리는 심리

많은 대표가 처음에는 "내가 없어도 돌아가는 회사"를 꿈꾼다. 그러나 막상 그 시점이 다가오면 체계화의 속도가 늦춰진다.

시스템은 대표의 통제력을 분산시킨다. 체계가 만들어지면 의사결정 권한이 규정과 절차에 따라 분배되고, 대표가 모든 사안에 '마지막 사인'을 하는 구조에서 멀어진다. 시스템은 대표의 직관을 '절차의 한 단계'로 만든다. 그리고 시스템은 대표를 '평범한 구성원'으로 만든다. 전능감의 마력은 바로 이 지점에서 강하게 저항한다.

한 스타트업은 경력직 리더들이 의사결정 프로세스와 예산 승인 절차를 만들었지만, 대표가 마케팅 캠페인 문구까지 직접 승인해야만 실행이 가능했다. 대표가 해외 출장으로 며칠 자리를 비우자 결재 대기 중인 업무가 줄줄이 멈췄고, 결국 초기 방식으로 회귀했다. 몇 달 후 신규 프로젝트 론칭이 대폭 지연됐다.

시스템화를 꺼리는 대표들 대부분은 권한이 제도 속에 묶이면서 영향력이 약해질 것이라는 불안을 느낀다. 그러나 이 방식은 대표 자신이 병목이 되고, 조직은 대표가 없으면 멈추는 구조로 고착된다.

② 사람을 대하는 방식에서 드러나는 통제 심리

법적으로 구성원은 회사와 계약을 맺은 독립된 주체다. 하지만 전능감에 빠진 대표는 구성원을 '내 회사에서 일하는 사람'으로 본다.

보상은 규정과 시장 데이터 기반으로 결정되어야 하지만, 전능감이 강한 대표일수록 호불호와 직관이 합리적 기준을 압도한다. "저 사람은 나를 위해 고생했으니 올려줘야 해", "이번 프로젝트는 마음에 안 드니 스톡옵션에서 빼자" 같은 판단이 자연스럽게 내려진다.

대표는 구성원을 나에게 은혜를 받은 사람, 내가 먹여 살리는 사람으로 착각하기 쉽다. 그러나 급여를 지급하는 주체는 '대표 개인'이 아니라 '회사'다. 이 사실을 간과하면, 단순한 퇴사도 '나를 저버린 일'로 해석된다.

한 스타트업 대표는 초기 멤버가 이직하자 "배신했다"고 말했다. 그 말이 퍼지자 남은 구성원들은 이직 의사가 있어도 미리 알리지 않게 됐고, 회사는 인력 이탈을 예측하지 못한 채 연속적인 타격을 받았다. 통제 중심의 관계 인식은 보상 체계 왜곡 → 관계 불신 → 정보 단절 → 조직 대응력 저하라는 연쇄 반응을 만든다.

③ 법인에 대한 착각

법인은 대표의 소유물이 아니다. 대표는 법인의 '관리인'이며, 법인은 법적으로 독립된 권리와 의무의 주체다. 그럼에도 전능감에 빠진 대표는 종종 법인을 '내 통장, 내 인력, 내 건물'처럼 다룬다.

이런 관점은 위기 상황에서 치명적이다. 구조조정이 필요함에도 "내가 직접 뽑은 사람을 내가 자를 수 없다"는 감정적 판단으로 미루거나, 반대로 감정에 휩쓸려 즉흥적으로 해고한다. 심화되면 회사 자금을 개인 생활비처럼 쓰거나, 법인 자산을 사적으로 활용하는 위험까지 이어진다. 법적으로는 명백히 횡령, 배임에 해당할 수 있다.

법인의 주체성과 독립성을 인정하고, 회사 자원과 개인 자산, 회사 이익과 개인감정을 엄격히 분리할 때 비로소 회사는 장기적으로 안정된 성장을 할 수 있다.

## 사람을 다룬다는 것의 진짜 의미

사람을 다룬다는 건 전능감에 취해 "내 말에 따르게 하는 것"이 아니다. 진짜 사람을 다룬다는 건, 사람을 성과 구조에 제대로 연결시켜 역량이 최대로 발휘되게 하는 것이다. 중요한 건 '누가 내 말을 잘 듣느냐'가 아니라, '누가 구조 안에서 스스로 움직이며 성과를 내느냐'다.

복종은 단기직으로 실서를 만들지만, 리더가 부재하면 멈추는 조직을 만든다. 반대로 성과 구조에 연결된 사람은 리더의 지시 없이도 스스로 할 일을 찾고, 리더의 부재가 새로운 판단의 기회가 된다.

한 대표가 업무 흐름을 팀 리더 책임 체계로 전환했더니, 각 리더가 직접 의사 결정한 프로젝트는 오히려 출시 속도가 빨라졌다. 핵심은 대표 개인의 영향력이 아니라 회사라는 시스템의 힘이다.

**전능감의 후폭풍과 권력 균형 설계**

전능감이 무너지는 순간은 반드시 찾아온다.

- **체력과 시간의 한계가 드러날 때**

  모든 회의에 참석할 수 없고, 모든 의사결정을 챙길 수 없다. 오히려 더 사소한 영역까지 개입하게 되고, 전략적 결정을 내릴 시간과 에너지를 잃는다.

- **대표의 판단이 틀렸을 때**

  독단적으로 판단하다 실패하는 순간이 온다. 시장의 속도와 이해관계자 규모가 커졌기에 '빠른 복구'로는 해결되지 않는다.

- **핵심 인재가 이탈할 때**

  대표가 모든 권한을 쥐고 있을 때, 유능한 인재일수록 성장의 한계를 느끼고 떠난다. 대표는 이를 '배신'으로 받아들이지만, 사실이는 구조 설계의 실패다.

후폭풍은 두 가지 흔적을 남긴다. 아무도 권한과 책임을 맡아본 적이 없어 스스로 판단하는 방법을 모르는 것, 그리고 한 사람의 판단에만 의존했던 구조에서 한 번의 실패가 회사 전체 실패로 이어지는 것.

## ② 권력 균형 설계

전능감을 내려놓는 건 권력을 잃는 것이 아니라, 권력을 재배분해 건강하게 순환시키는 것이다.

- **결정 권한의 수평화**

  대표가 독점하던 의사결정 권한을 직무·기능 단위로 분산한다. 단순한 위임이 아니라, 의사결정 범위와 한계를 명확히 문서화하고 대표의 재승인이 필요 없도록 설계한다. 실패 시 대표가 함께 책임진다는 메시지도 필수다.

- **권력의 제도화**

  사람에게 의존하던 권력을 시스템과 규정으로 옮긴다. 인사평가, 보상, 프로젝트 승인 같은 핵심 결정 영역을 프로세스에 내장하면, 대표 개입은 특수 상황에만 한정된다. 핵심은 대표 스스로 제도를 지키고, 필요시 제도를 개선하는 방식으로 권력을 행사하는 것이다.

· **권력의 피드백 구조**

권력은 사용하면 필연적으로 왜곡된다. 의사결정 과정 · 기준 · 정보 활용 방식을 주기적으로 되돌아보는 내부 피드백 루프가 필요하다.


### ③ 성장 단계별 권력 균형

· 초기(1~10명) — 모든 결정을 대표가 직접 내려도 무방하다. 다만 간단한 의사결정 기록과 역할 구분표를 만들고, 작은 권한이라도 위임받아 판단해 본 경험을 쌓아야 한다. 이후 병목을 줄이는 핵심이 된다.

· 성장기(10~50명) — 기능별 리더를 세우고 독자적 의사결정 권한을 줘야 한다. 형식적으로만 권한을 주고 실제 결정은 대표가 내리는 '위장 분산'이 되면 팀장은 권한 없이 책임만 지게 된다. 마케팅팀장은 월 500만 원 이하 캠페인, 개발 팀장은 기능 변경 범위 내 개선을 대표 승인 없이 결정하는 식으로 범위를 명확히 해야 한다.

· 확장기(50~200명) — 인사 · 보상 · 프로젝트 승인을 제도화해 대표 개입 없이도 회사가 돌아가도록 만든다. 시스템이 있어도 대표가 비공식 통로로 개입하면 모든 규정이 무력화된다. 대표 스스로 규정을 지키는 모범을 보여야 한다.

- 안정기(200명 이상) — 대표는 장기 전략, 투자, 조직 문화 등 미래 방향에 집중한다. 일상 운영은 경영진 중심으로 순환하며, 대표 개입은 예외 상황에 한정한다.

## 비전 중심의 디테일 리더십

"젠슨 황이나 스티브 잡스는 안 그랬다"고 반박할 수도 있다. 하지만 그들이 보여준 것은 전능감이나 통제가 아니었다. 겉으로는 모든 세부 사항을 직접 챙기는 것 같지만, 실제로는 운영과 실행 권한을 전문가에게 위임하고, 핵심 비전과 완성도를 지키는 순간에만 집요하게 개입하는 방식이었다.

전능감형 개입은 '모든 것을 내가 직접 확인하고 결정해야 한다'는 통제 욕구에서 출발한다. 비전 중심 디테일 리더십은 비전을 지키는 데 직접적 영향을 주는 요소에만 관여하고, 그 외 영역에서는 개입을 최소화한다. 개입의 기준이 '내 권한 유지'가 아니라 '비전 수호'에 있다.

다만 모든 세부 개입이 창의적 통제는 아니다. 전능감에 빠진 리더들 상당수는 자신의 모든 개입을 '창의적 통제'라고 주장한다. 이 스타일이 성공하려면 세 가지 전제가 필요하다. 조직 전체가 공유할 수 있는 비전의 명확성, 핵심 비전을 해치지 않는 영역에서 전문가를 신뢰하는 것, 그리고 과정이 아닌 최종 산출물에서 비전 구현 여부를 판단하는 결과 중심의 통제다.

이 전제가 약하면 '비전 수호'라는 명분 아래 전능감형 통제로 회귀하게 되고, 성장의 발목을 잡는다.

**전능감을 내려놓아야 진짜 전능해진다**

대표의 전능감은 죄가 아니다. 창업 초기에는 그것이 회사를 살린다. 하지만 회사가 커진 뒤에도 그 감각을 붙잡고 있으면, 생존의 무기가 아니라 성장의 족쇄가 된다.

전능감은 권력을 독점하게 만들고, 권력 독점은 조직이 대표의 속도와 한계에 맞춰 작동하도록 고정시킨다. 대표가 지쳐 쓰러지거나 판단을 잘못하는 순간, 조직 전체가 함께 휘청인다.

진짜 전능한 대표는 모든 것을 스스로 하는 사람이 아니다. 모든 것을 '가능하게 만드는 구조'를 설계한 사람이다. 의사결정이 흘러가고, 권한이 분산되며, 사람과 시스템이 대표 없이도 회사를 움직이는 구조. 그 속에서 대표는 비로소 전장에서 한 걸음 물러서서 전체 판을 바라볼 수 있다.

전능감을 내려놓는 순간, 오히려 대표는 더 강해진다. 대표의 힘은 '내 손 안에 다 있다'는 착각이 아니라, 조직 전체를 움직이는 집단 지성의 힘으로 확장된다.

전능감은 내려놓을 때 완성된다. 그 순간부터 대표는 '혼자서 다 하는 사람'이 아니라, 모두가 함께 이기는 판을 설계하는 사람이 된다.

# 제3부

## 뽑는다는 건 쉽지 않다 (채용)

## 스타트업 채용 전략 8가지

"채용이 정말 어렵습니다. 우리가 뭔가 더 잘해야 하는데….."

문제는 '잘해야 한다'는 말이 늘 막연하다는 점이다. 리크루터도 뽑고, 브랜딩도 하고, 채용 사이트도 만들고, 서치펌도 계약해야 할 것 같은 압박. 마치 채용 관련 모든 걸 다 해야 할 것 같은 기분이 든다. 하지만 현실은 대기업조차 그런 운영을 감당하기 어렵다.

그래서 질문은 이렇게 바뀌어야 한다. "우리 회사에 지금 가장 필요한 채용 전략은 무엇인가?"

채용은 능력의 문제가 아니라 전략의 문제다. 못해서 안 되는 게 아니라 뭘 해야 할지 몰라서 안 되는 거다.

## 채용의 패러다임이 바뀌었다

전략을 보기 전에 먼저 짚어야 할 흐름이 있다. 이걸 이해하지 못하면 전략을 아무리 많이 알아도 적용에 실패한다.

과거의 채용은 Selection, 지원자 평가 중심 구조였다. 회사가 갑이고 지원자가 을이던 시대. 그러나 오늘날 채용은 Acquisition, 관계와 유입 중심 구조로 완전히 이동했다. 지원자가 회사를 평가하는 시대가 됐다. 갑을이 뒤집어진 거다.

이 변화는 세 가지 흐름이 만나면서 생긴 필연적 결과다.

- 기술의 진화 : ATS와 채용 플랫폼이 확립되면서 전환율, 리드타임, 채널별 성과를 숫자로 분석하는 시대가 됐다. "좋은 사람이 들어오면 좋겠다"가 아니라 "어떤 채널에서, 어떤 메시지를 통해 전환되는가"까지 다뤄야 한다. 기술이 채용의 난이도를 낮춘 게 아니라 품질 기준을 높여버린 것이다.
- 세대의 변화 : 평생직장 개념이 붕괴되며 "이 회사가 나를 뽑아줄까?"보다 "이 회사가 나에게 어떤 기회를 줄까?"를 묻는 시대가 됐다. 회사 인지도보다 실제 정보와 스토리를 탐색하고, 외부 시장을 스스로 비교하고 검증한다.

- 시장 구조의 변화 : 산업 변화 속도가 빨라지며 오늘 필요한 인재가 내년에는 필요하지 않을 수도 있고, 새로운 사업이 3개월 만에 열리고 닫히기도 한다. 장기 인재 육성보다 즉시 투입 가능한 실무형 경력자를 선호하게 됐고, 채용은 안정적인 '선발형'에서 유연한 '획득형'으로 전환됐다.

## 스타트업 채용 전략의 세 가지 축

대기업은 공채, 서치펌, 산학 연계라는 인재 공급 체계를 기반으로 안정적으로 인력을 확보했다. 성장 예측이 가능했고, 인력 수요가 비교적 일정했기 때문이다.

스타트업은 전혀 다른 환경이다. 투자와 매출과 제품 전략에 따라 인력 수요가 즉각적으로 요동친다. 이 배경 위에서 채용 전략은 크게 세 가지 축으로 재편되었다.

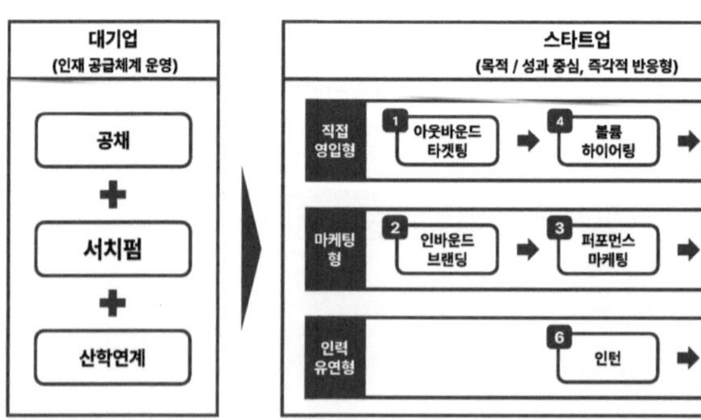

- 직접 영입형(Direct Acquisition) — 회사가 인재에게 먼저 다가가 필요 인력을 즉시 확보하는 전략.

- 마케팅형(Marketing-based Hiring) — 회사를 보여주는 방식을 바꿔 인재가 자연스럽게 유입되도록 만드는 전략.

- 인력 유연형(Flexible Talent Strategy) — 내부 인력만으로 해결할 수 없을 때, 유연한 방식으로 리소스를 확보하는 전략.

## 8가지 채용 전략

### ① 아웃바운드 타겟팅

스타트업 성장 초기에 가장 먼저 확산된 전략이다. 토스 · 뱅크샐러드 같은 회사는 인지도가 약한 상태에서도 필요한 인재를 찾아가기 위해 소싱 전문 조직을 만들었다. 당시 핵심 인재는 극히 귀했기 때문에 지원자를 기다리는 채용으로는 절대 경쟁이 되지 않았다. 앉아서 기다리면 굶어 죽는 구조였다.

리크루터는 단순 운영자가 아니라 능동적으로 인재를 탐색하는 '채용 세일즈' 역할을 해야 했다. "우리 회사가 좋은 곳입니다"보다 "우리 팀은 지금 이런 문제를 해결 중인데 당신의 역량이 꼭 필요합니다"라는 문제 중심 설득이 강력하게 작동했다.

- 기대효과: 희귀 직군·리더급 채용에 특히 유리하고, 브랜드 인지도가 낮아도 성과를 낼 수 있다. 후보자에 대한 장기 관계 데이터가 쌓여 재접촉·재설득이 가능하다는 점에서 '관계 기반 자산'이 된다.

- 리스크: 리크루터 역량 편차에 따라 성과가 극적으로 갈린다. 잘하는 사람은 한 달에 3명 뽑고, 못하는 사람은 반년 동안 0명. 무리한 접근은 회사 브랜드 피로도를 높여 역효과가 발생한다.

- 운영 핵심: 개인 소싱이 아니라 '팀 기반 소싱 시스템'이다. 전환률·메시지·후보자 반응을 팀 단위로 관리하고, 모든 접점을 ATS 기반으로 기록해 장기적 관계 풀을 구축해야 한다. 아웃바운드는 단기 채용 수단이 아니라 회사의 전략 자산을 만드는 장치다.

## ② 인바운드 브랜딩

아웃바운드가 능동적 접근이라면, 인바운드는 지원자가 먼저 회사를 탐색하는 구조를 만드는 전략이다. 찾아가는 게 아니라 찾아오게 만드는 거다.

우아한형제들은 블로그·유튜브로 조직의 일상을 담아 "어떤 회사인지 스스로 느끼게 하는 모델"을 만들었다. 와이즐리는 노션 채용

사이트 하나로 스타트업 씬을 뒤흔들었는데, 공식 사이트보다 현실적이고 생생한 콘텐츠가 훨씬 진정성 있게 다가갔다. 그 뒤 너도나도 노션 채용 페이지를 만들기 시작했다.

- 기대효과: 자발적 유입 증가·브랜드 신뢰 상승·서치 비용 절감. 내부 구성원이 "우리는 이렇게 일한다"는 자부심을 느끼며 내부 브랜딩 효과까지 이어진다.
- 리스크: 외부 메시지와 내부 현실이 불일치하면 입사 후 조기 이탈이 폭발적으로 늘어난다. "노션 페이지랑 완전히 다르네요"라는 후기가 퍼지면 끝이다. 콘텐츠의 일관성·발행 주기·정보 품질이 떨어지는 순간 브랜딩 피로도가 발생한다.
- 운영 핵심: 회사 소개보다 "실제 사람이 해결한 문제·프로젝트 스토리·성장 과정"을 중심에 둬야 한다. 인바운드는 홍보가 아니라 자발적 탐색구조를 설계하는 시스템이다.

③ 퍼포먼스 마케팅 채용

커머스 산업이 크게 성장하면서 등장한 전략이다. 마케팅·콘텐츠 조직을 보유한 기업들이 채용에도 "전환 중심 구조"를 도입했다. 마케팅팀이 있으니까 채용도 마케팅처럼 굴리자는 발상이다.

레브잇은 HR 조직이 사실상 없던 시절, 광고 세팅만으로 대량 지원자를 확보했다. 플렉스는 브랜드 콘텐츠와 채용 퍼포먼스를 결합해 영업·홍보·채용을 하나의 Funnel로 묶어내는 모델을 만들었다.

- 기대효과 : 즉각적 유입 확대. 클릭·지원·면접·입사까지 각 단계 전환률 데이터로 채용 성과를 투명하게 분석할 수 있고, 숫자로 말할 수 있으니 경영진 설득도 쉽다.
- 리스크: 적합하지 않은 지원자가 몰릴 수 있다. 클릭은 많은데 채용은 0명인 상황. 타겟팅이 조금만 틀려도 예산이 빠르게 소진된다.
- 운영 핵심: Funnel이다. 직무별 타겟을 세분화하고 광고 메시지·랜딩 페이지를 지속 최적화해야 한다. 퍼포먼스 채용은 "지원자 수가 많아지는 전략"이 아니라 "전환되는 적합자를 확보하는 전략"이다.

④ 볼륨 하이어링

쿠팡·토스처럼 사업 확장 단계에서 대규모 인력을 단기간 내에 확보해야 했던 기업들이 도입한 전략이다. 물류센터·고객센터·자회사 등 신규 조직이 빠르게 생기면서 "두 달 안에 몇백 명 뽑아야 해요"라는 미션이 흔했다. 한 명씩 정성껏 뽑을 시간이 없는 거다.

이때 도입된 것이 프리랜서 리크루터 풀·명확한 인센티브 체계·중앙 통제형 ATS·현장 배치·교육까지 연결된 One-flow 채용 모델이었다.

- 기대효과: 단기간 대규모 충원으로 운영 공백 최소화. 대규모 신사업 론칭·시장 선점 상황에서는 사실상 유일한 답이다.
- 리스크: 속도 중심 운영은 적합도 검증을 약화시키고 조기 이탈을 증가시킨다. 빨리 뽑았는데 빨리 나간다. 리크루터가 많아질수록 커뮤니케이션 충돌·질 관리 문제도 심해진다.
- 운영 핵심: 표준화와 역할 분리다. ATS로 후보자 상태를 일원화해 중복 접촉을 방지하고, 채용→배치→교육까지 연결된 흐름으로 운영해야 한다. 볼륨 하이어링은 시스템이 90%고 사람의 역량은 10%다.

⑤ 커뮤니티 채용

퍼포먼스 마케팅의 효율이 떨어지기 시작하면서 부상한 전략이다. 광고 중심 채용은 클릭 수에 비해 전환율이 낮아지고, 정보는 넘쳐나지만 신뢰는 부족해진 시장에서 "사람이 모여 있는 곳에서 자연스러운 관계 기반 유입을 만들자"는 방향으로 진화한 것이다. 광고는 불신하지만 커뮤니티는 믿는다.

원티드 · 인프런은 슬랙 · 오픈채팅 · 웨비나 등 비공식 커뮤니티를 채용뿐 아니라 고객 · 팬덤 · 인재풀을 동시에 연결하는 구조로 활용했다.

- 기대효과: 신뢰 기반 유입 · 높은 전환율 · 자연스러운 리퍼럴. 커뮤니티는 '즐겨찾기가 아닌 상주하는 곳'이기 때문에 기업을 일회성 공고가 아니라 "관심 있게 지켜보는 브랜드"로 인식하게 만든다.
- 리스크: 홍보 냄새가 조금이라도 나면 신뢰가 빠르게 무너진다. "여기도 결국 광고하려고 만든 거구나" 싶으면 끝이다. 운영자 한 명이 바뀌어도 분위기가 즉각 변한다.
- 운영 핵심: 채용을 드러내기보다 가치 있는 정보 · 경험 · 교류가 중심이어야 신뢰가 유지된다. 커뮤니티 채용은 홍보가 아니라 관계를 관리하는 브랜딩형 운영 전략이다.

## ⑥ 인턴십 전략

단순한 청년 채용 프로그램이 아니라 미래 인재 공급망을 구축하는 구조적 장치다. 전략 · 데이터 · 리서치처럼 분석 · 문제 해결 중심 직무에서는 단기간에도 인턴이 의미 있는 성과를 내며, 조직이 잠재력과 적응력을 깊이 검증할 수 있다.

커피 타고 복사하는 인턴이 아니라, 실제 팀의 미션을 작은 단위로 나눠 맡기면서 실질적 기여를 할 수 있게 만드는 방식이다.

- 기대효과: 조기 검증 · 전환 리스크 감소 · 인건비 부담 감소. 입사 직후 성과를 빠르게 내야 하는 스타트업에서 매우 효과적이다.
- 리스크: 잘못 설계된 인턴십은 부정적 효과가 크다. 역할이 불명확하면 인턴의 학습 · 동기 모두 떨어지고, 내부 구성원에게 과도한 부담을 준다. "저 회사 인턴십 별로예요"라는 글 하나가 채용 브랜딩을 망칠 수 있다.
- 운영 핵심: 실무 기반 프로젝트 설계, 명확한 평가 기준, 피드백 주기, 멘토링 역할 정리까지 하나의 '작은 채용 프로그램'으로 봐야 한다. 잘 운영된 인턴십은 회사의 미래 인재풀 자체가 된다.

⑦ 긱이코노미 전략

전문가를 상시 고용하지 않고 프로젝트 기반으로 즉시 투입하는 구조가 필요해지면서 확산되었다. 게임 · 콘텐츠 · 헬스케어 같은 산업에서는 높은 전문성이 필요하지만 상시 채용으로 유지하기엔 비용이 부담되는 경우가 많다. 1년 내내 필요한 게 아니라 3개월만 필요한 역량이 있다.

- 기대효과: 필요 시점에 바로 역량을 투입하고, 고정비 부담을 줄이면서 조직 기능을 확장할 수 있다. 내부가 경험하지 못한 전문성을 빠르게 흡수하는 학습 효과까지 생긴다.

- 리스크: 조직 소속감이 약해 장기 책임감이 떨어지고, 보안/IP 이슈가 발생할 수 있다. 스코프가 불명확하면 갈등 · 추가 비용으로 이어진다. "이것도 해주실 줄 알았는데요" 하는 순간 관계가 틀어진다.

- 운영 핵심: 목적과 스코프를 레이저처럼 명확하게 정의하는 데서 시작한다. 프로젝트 목표 · 기간 · 성과 지표 · 산출물 소유권까지 계약 단계에서 클리어하게 규정해야 한다. 긱이코노미는 외부 전문성을 조합해 조직 역량을 유연하게 확장하는 경영 전략이다.

## ⑧ M&A 기반 인재 확보

인재 확보 전략 중 가장 강력하고 동시에 가장 복잡한 전략이다. 야놀자 · 무신사처럼 기술 · 조직 · 핵심 인재가 경쟁력의 본질이 되는 산업에서는 일반 채용으로 시간 · 품질 모두를 만족시키기 어렵다. 한 명씩 뽑으면 3년 걸릴 일을 3개월에 끝내는 거다.

- 기대효과: 기술 · 제품 · 인재 · 노하우를 한 번에 확보. 신규 사

업 진입 리스크를 줄이고 채용 리드타임을 극적으로 단축한다.

- 리스크: '인수 후 통합' 과정에서 문화 충돌·리더십 불일치·핵심 인력 이탈이 쉽게 발생한다. "인수했더니 사람이 다 나갔어요"라는 최악의 시나리오. M&A는 재무·전략 문제이기도 하지만, 사실상 '사람·문화를 통합하는 기술'이 핵심이다.
- 운영 핵심: '실사 (Due Diligence)' 단계부터 HR이 깊이 관여해야 한다. 핵심 인력 리스트 선별, 리텐션 플랜 설계, '인수 후 통합' 로드맵 세분화. '합치는 것'보다 '유지하며 하나로 묶는 것'이 더 어렵다.

**좋은 전략이 따로 있는 게 아니다**

좋은 전략이 따로 있는 게 아니라, 우리 상황에 맞는 전략이 좋은 전략이다. 아웃바운드가 좋다고 모든 회사가 소싱팀을 만들 필요는 없고, 인바운드가 트렌드라고 노션 페이지부터 꾸밀 필요도 없다. 우리 회사가 지금 어떤 상태인지, 어떤 인재가 필요한지, 어떤 리소스가 있는지를 먼저 봐야 한다.

어떤 전략을 선택하든 트레이드오프가 따라온다. 속도를 얻으면 적합도를 잃고, 비용을 줄이면 품질이 흔들린다. 채용은 능력의 문제가 아니라 전략의 문제이고, 전략은 선택의 문제이며, 선택은 포기의 문제다.

## 뽑을 사람이 시장에 없을 때

채용을 잘해야 한다는 말, 좋은 사람을 뽑아야 한다는 당위론. 다 맞는 말이다. 근데 내가 더 자주 부딪히는 건 다른 문제다. "이 포지션, 도대체 어디서 찾아야 하지?"

경쟁사 뒤져봐도 없고, 채용 플랫폼에도 안 보이고, 링크드인 서치해도 나오는 사람이 똑같다. 난 이 지점에서 채용에도 전략과 상상력이 필요하다고 생각한다.

### 전략을 짜기 전에 알아야 할 것들

첫째, 지금이 아니라 다음 스텝까지 봐야 한다.

정규직으로 뽑는다는 건, 적어도 지금 step과 다음 step까지 같이 갈 사람이라는 의미다. 현업에서 "마케터 급해요"라고 하면 일단 찾지만, 6개월 뒤 글로벌 진출하면? B2B로 피봇하면? 또 새로 뽑아야 한다.

미래를 100% 예측할 순 없지만, 확정된 사업 로드맵 정도는 알고 채용해야 한다. 사업계획을 모르면 사람계획을 세울 수 없다.

**둘째, 직무를 문장이 아니라 맥락으로 이해해야 한다.**

JD에 '평가제도 설계 경험'이라고 적혀 있다. 근데 200명 스타트업에서 처음 도입한 경험과, 5,000명 대기업에서 기존 제도 운영한 경험은 같은 '평가제도 경험'이 아니다. 우리 회사가 지금 어떤 상황인지, 어떤 맥락의 경험이 fit할지를 먼저 정의해야 한다. JD의 한 줄 너머를 읽을 수 있어야 한다.

**셋째, 사람에 맞춰 조직을 조정할 수도 있어야 한다.**

포지션에 딱 맞는 사람은 없다. 정말 좋은 후보자를 만났을 때는 "이 사람이 최선의 역량을 발휘하려면 뭘 바꿔야 할까?"를 고민해야 한다. 보고라인 조정, 역할 범위 변경, 새로운 포지션 신설. 포지션이 고정값이 아니라 변수가 될 수 있다는 관점. 이게 채용을 단순 실행에서 컨설팅 레벨로 끌어올리는 지점이다.

이거 다 할 줄 알면 서치펌 차리면 된다. 진짜로. 근데 어떤 경지를 알고 목표로 삼느냐에 따라 하루하루 발걸음이 달라진다.

## 본격적인 전략: 두 가지 축

경쟁사/동종업계 컨택이 기본이고 가장 효율적이다. 근데 이 방법이 안 될 때 어떻게 할 것인가가 진짜 고민이다.

채용 전략은 크게 두 가지로 나뉜다: ① 페르소나 찾기(어떤 배경의 사람이 이 일을 잘할까)와 ② 컨택 포인트 찾기(그 사람들을 어디서 만날 수 있을까).

## ① 전략 1: 페르소나 찾기

- 케이스: 교육 콘텐츠 MD

교육 콘텐츠 비즈니스 회사에서 MD를 뽑아야 했다. 클래스 기획부터 크리에이터 섭외, 커리큘럼 공동 기획, 마케팅까지 범위가 넓은 포지션. 내부 우수 MD들을 분석해 봐도 공통점이 없고, 경쟁사도 인력 중심 비즈니스라 시장에 유통되는 인력 자체가 적었다.

## 상상력을 발휘할 시간

경쟁사 외 다른 영역을 봐야 한다. 어떤 산업의 어떤 직무가 비슷할까?

엔터테인먼트 — 아티스트라는 '콘텐츠'를 기획하고 패키징하는 사람들. 잡지/만화 출판 — 본인이 직접 만들지 않고 작가를 관리하며 결과물을 만들어내는 에디터들. 방송국 — 외부 연사 섭외하는 AD나 막내 작가급. 실행력이 무지막지하다.

이 사람들이 MD를 잘할지 아무도 모른다. 상상력에 기반한 시나리오다. 근데 "결이 맞을 수 있겠다"는 감이 있어야 현실성 있게 짤 수 있다.

위인전에 나오는 채용 영웅담, 전혀 다른 출신인데 대박이었다는 이야기. 잘 보면 표면적으로 다를 뿐 성과를 낼 수 있는 맥락은 비슷했을 수 있다. "느낌이 좋아서 시켰더니 잘하더라"는 운이다. 기업은 도박이 될 수 없다.

② 전략 2: 컨택 포인트 찾기
다른 업종에서 데려오겠다고 결정했다면, 그 사람들은 어디서 만날 수 있지?

원티드, 잡플래닛, 사람인, 리멤버. 이런 플랫폼들이 커버하는 범위가 생각보다 좁다. 여기에 없는 사람들을 찾아야 할 때 진짜 고민이 시작된다.

- **케이스: 키오스크 개발자를 찾아 식당을 돌다**

야놀자가 키오스크 회사를 인수했을 때, 지금처럼 키오스크가 일반화되기 전이었다. 어느 플랫폼을 봐도 안 보였다.

당시 테크리크루터 동료의 방법: "일단 가게를 돌아다녀요. 키오스크 상표부터 확인합니다." 상표로 업체명 알아내고, 고객센터에 전화하고, 대화하다가 컨택포인트를 만들어간다. 전화로 안 되면 회사를 찾아간다.

극단적으로 길거리 전단지도, 아이돌 캐스팅처럼 로드캐스팅도 가능하다. 흥신소만큼 절박함, 결혼 정보업체만큼 집요함. 윤리적 선은 지키되, 그 정도의 창의성이 필요할 수 있다는 이야기다.

## 전략은 고상한 게 아니다

거창한 기획만 전략이 아니다. 문제를 해결하기 위해 고민하고 만들어가는 것, 그게 전략이다. 유치해 보여도 실제 문제를 해결하면 그게 더 가치 있다.

언젠가 기존 방법론으로 해결이 안 되는 순간이 온다. 그때 상상력을 가지고 전략을 짤 수 있느냐. 이게 실행자에서 전략가로 가는 첫걸음이다.

채용은 결과적으로 좋은 사람이 오기만 하면 된다. 그래서 더 어렵고, 더 창조적이다. 이걸 스트레스로 느끼면 힘들겠지만, 재미로 느낄 수 있다면—아마 채용이 꽤 잘 맞는 사람일 거다.

# 네임밸류 없는 작은 회사의 채용 생존기

초기 창업팀 세팅이 끝나고 이제 막 10명 넘어가는 규모의 뷰티 커머스 회사다. 네임밸류는 없다. 이력서에 쓰면 "어디요?" 소리를 듣기 십상이다. 레드오션 한복판에서 매일 발버둥 치는 중이다.

아무리 작은 회사라도 피해 갈 수 없는 포지션들이 있다. 뷰티 MD, 퍼포먼스 마케터, 브랜드 파트너십 담당자. 1조/2조 기업가치 회사와 똑같은 수준의 사람을 뽑아야만 하는 자리들. 뷰티 커머스는 개발자보다 이쪽 사람들이 훨씬 더 중요하다. 좋은 제품을 소싱하고, 트렌드를 읽고, 광고 효율을 뽑아내는 게 생존의 핵심이니까.

문제는 뷰티 커머스라는 업종 특성상 돈이 되니까 회사가 계속 생긴다는 것이다. 인력 수요는 폭발적으로 늘어나는데, 뷰티 업계 경력이 있고 검증된 인력의 공급은 한정적이다. 구직난이라는 뉴스가 나오지만, 우리가 필요한 뷰티 커머스 경력직 인재의 세계는 완전히 다른 판이다. 그쪽은 여전히 인력난이다.

HR 담당자는 막막하다. 회사는 무명이고, 돈이나 복지로 유혹하기엔 주머니 사정이 빡빡하고, 비전을 이야기하면 상대방 눈빛이 흐려진다. 이상적인 이야기는 접어두고, 당장 내일 면접을 잡아야 하는 사람에게 필요한 얘기를 해보자.

## 냉정하게 우리 회사 분석하기

자기 합리화나 정신 승리 말고, 진짜로 냉정하게 우리 회사를 분석해야 한다. 매일 출근하다 보면 우리 회사가 잘하는 것만 보이지만, 후보자들은 냉혹하게 비교하고 계산한다.

시장에서 우리 위치, 탑티어 회사들과의 거리, 월 거래액 차이, 투자 유치 상황, 마케팅 예산. 거울 보듯이 솔직하게 체크해야 한다. 그다음 회사 특징을 좋은 거, 나쁜 거, 후진 거까지 다 적어라.

여기서부터가 진짜 게임의 시작이다. 좋든 나쁘든 한 끗 차이로 표현과 포장을 바꿔서 차별점으로 만드는 거다. 거짓말이 아니라, 같은 사실을 다르게 프레이밍하는 거다.

시니어 MD 없이 주니어만 있다면? "조직 전체가 20대 후반~30대 초반으로 최신 뷰티 트렌드에 민감하고, 수직적 위계 없이 빠르게 의사결정 하는 팀." 브랜드 협상력이 약하다면? "유망한 신생 브랜드 발굴에 집중. 다음 힌스, 다음 롬앤을 먼저 찾아내는 안목." 마케팅 예산이 작다면? "한 푼 한 푼 ROI 계산하며 효율적으로 집행. 퍼포먼스 마케팅 실력을 제대로 키울 수 있는 환경."

말장난 같지만 진짜로 통한다. 대기업의 체계와 안정성보다 자유와 성장 가능성을 우선시하는 사람들, 카테고리 전체를 혼자 책임지며 배우고 싶은 MD들한테는 우리의 '단점'이 오히려 장점이 된다.

단점은 솔직히 말하되, 곧 개선될 영역으로 프레이밍 하면 된다. "현재 마케팅 예산이 월 500만 원이지만, 다음 분기 시리즈 A 유치 시 월 5천만 원 이상으로 확대 예정. 함께 성장할 동료를 찾고 있다." 이러면 기대감이 생긴다.

중요한 건 진정성이다. 입사 후 "설명과 다르네요"라는 반응이 나오는 순간 끝이다. 뷰티 업계는 좁아서 소문도 금방 퍼진다.

## 게임이론 써먹기 – 빈틈을 노려라

시니어급 A급 MD나 마케터는 탑티어 회사들이 다 가져간다. 연봉도 더 주고, 브랜드도 있고, 안정성도 있다. 정면 승부는 피하고 측면을 공략해야 한다.

우리는 탑티어에서 상처받은 B급을 노린다. 이게 핵심이다. 탑티어 최종 면접까지 갔다가 떨어진 MD. 실력은 있는데 핏이 안 맞거나, 컨디션이 안 좋았거나, 경쟁자가 너무 센 사람. 자존심도 상하고 자신감도 떨어진 상태. 이때가 기회다.

대신 B급을 후하게, 진심으로 대해줘야 한다. "우리 회사에서는 A급입니다"라는 메시지를 확실히 전달하고, 연봉을 조금이라도 더 주고, 직급도 올려주고, 재량권도 더 주는 것이다. 탑티어에서 시니어 MD 밑에서 일했을 사람을 우리는 MD 리드로 모시는 것이다.

타이밍도 중요하다. 면접 보고 3일 안에 오퍼를 내라. 좋은 B급 인재는 빨리 다른 곳으로 간다. 탑티어 HR 담당자에게 "아쉽게 떨어진 분 중 괜찮은 분 추천해달라"고 물어보는 것도 방법이다. 부끄러워할 때가 아니다.

## 제일 먼저, 제일 쉬운 내부 추천

내부 추천은 숨겨진 보물 같은 채널이다. 채용 리소스를 줄여주고, 무명 회사를 굳이 설득할 필요도 없다. 이미 다니는 직원이 장단점을 다 알고도 추천하는 것이니 신뢰도가 높다.

뷰티 업계는 인맥이 중요하다. MD들끼리, 마케터들끼리 다 아는 사이가 많다. "주변에 이직 생각하는 친구 있어?" 물어보면 생각보다 많다. 탑티어에서 지쳐서 작은 회사로 옮기고 싶은 사람, 브랜드사에서 커머스로 넘어오고 싶은 사람, 승진 누락으로 불만인 사람.

직원들이 추천하는 진짜 이유는 인센티브가 아니다. 일 못하는 사람과 일하면 스트레스받고, 일 잘하는 사람과 일하면 시너지가 난다. 더 즐겁게, 더 생산적으로 일하기 위해 좋은 동료를 원하는 것이다. HR 담당자는 이 관점에서 메시지를 전해야 한다.

"직원들이 A급이 아니라 추천노 A급이 아닐까 걱정된다"는 배부른 소리다. 당장 회사를 돌릴 인력이 없는 상황에서 A급을 기다리다가는 있는 직원들마저 떠난다. 회사가 성장하면 A급도 자연스럽게 온다.

**돈 안 쓰는 브랜딩부터 시작하라**

상단 노출, 프리미엄 공고 같은 돈 쓰는 브랜딩은 예산이 있을 때 하는 것이다.

현실적인 건 돈 안 쓰는 브랜딩이다. 링크드인, 인스타그램, 뷰티 업계 커뮤니티에서 꾸준히 활동하는 것. 일주일에 한두 번 회사에서 일하는 모습을 올리면 된다. "저 회사가 뷰티 커머스를 하는 곳이고 꽤 열심히 한다" 정도만 남아도 성공이다.

노골적 홍보가 아니라 자연스럽게 가치 있는 정보를 공유하는 것이어야 한다. 그리고 개인 이름만 남는 활동이 되면 안 된다. 그건 채용 브랜딩이 아니라 개인 브랜딩이다.

채용 공고도 차별화해야 한다. "열정적인 분을 찾습니다"는 다들 쓴다. "월 1억 거래액에서 연말까지 월 3억 목표, 스킨케어 카테고리 MD로서 브랜드 발굴부터 매입 협상, 프로모션 기획까지 전 과정 경험 가능, 예산은 작지만 재량권은 크다." 구체적으로 써야 한다.

**아웃바운드 채용은 추천하지 않는다**

링크드인에서 후보자를 찾아 연락하는 아웃바운드 채용, 초기 뷰티 커머스에는 비추천이다.

뷰티 커머스는 자본의 논리가 너무 커진 시장이다. MD는 더 많은 브랜드와 더 큰 거래액을 다뤄야 경력이 쌓이고, 마케터는 더 큰 예산으로 테스트해 봐야 실력이 는다. 탑티어 MD에게 "뷰티 커머스 스타트업인데 관심 있으세요?" 보내봤자 대부분 읽씹이다. 시간과 에너지만 낭비하고 멘탈만 갉아 먹힌다.

꼭 해야겠다면 타겟을 바꿔라. 세컨드·서드 티어 회사 사람들이나, 브랜드사에서 커머스로 넘어오고 싶어 하는 사람들. 그래도 효율은 낮다.

## 결국 회사를 성장시키는 게 답이다

지금까지 얘기한 모든 방법은 미봉책이다. 진짜 해결책은 하나뿐이다. 회사를 성장시켜야 한다. 월 거래액이 늘고, 투자를 받으면 사람들이 알아서 관심을 갖는다.

앞의 모든 방법은 성장을 위한 단기 수혈이고, 일종의 몸빵이다. 당장 필요한 사람을 데려와서 회사를 성장시키고, 그 성장이 더 좋은 사람을 데려오는 선순환을 만드는 것이다.

그리고 영입된 사람들이 평생 다닐 것이라는 기대는 버려야 한다. 그들도 몸값과 커리어를 높이려고 온 것이고, 우리도 회사를 성장시키려고 뽑는 것이다. 서로의 니즈가 만족하는 영역까지만 함께하다가 이별하는 게 고용관계의 본질이다. 그건 배신이 아니라 비즈니스다.

떠나는 사람에게 좋게 보내줘야 한다. "고생했고 새로운 곳에서도 잘되길 바란다"고 하면, 그 사람이 나중에 좋은 사람을 추천해 줄 수도 있다. 험악하게 헤어지면 업계에서 안 좋은 소문만 나고 채용은 더 어려워진다.

고용관계는 비즈니스 관계다. 서로 윈윈하는 기간 동안 함께하고, 그 기간이 끝나면 좋게 헤어지는 것. 그게 건강한 관계다.

## 급하다고 뽑지 마라. 채용은 큰 그림 그리기다

혹시 당신도 이런 소리 들어본 적 있나?

"지금 당장 사람을 뽑아야 해요."
이 말에는 늘 불안과 압박이 섞여 있다. 하루라도 늦으면 조직이
무너질 것 같고, 팀원들이 더는 버티지 못할 것만 같다. 작은 조직
에서 한 명의 공백은 곧 전체의 리스크니까.

그런데 그렇게 급히 뽑은 사람이 대개 더 큰 문제를 만든다. 급하게
사귄 연인이 대개 급하게 헤어지는 것처럼. 내가 현장에서 본 채용
실패의 대부분은 바로 그 급함이라는 감정에서 시작됐다.

## 채용의 급함이라는 함정

### 땜빵 채용의 늪

핵심자가 빠져나가면 조직은 조급해진다. "일단 비슷한 사람이라도 뽑자." 이 한 문장이 만드는 파장은 생각보다 크다. 급하다는 이유로 채용 과정이 축소되고, 기준이 낮아지고, '경력 비슷하니까'라는 잣대로 합격자를 정한다. 눈 감고 다트 던지는 거랑 비슷하다.

급히 채용한 사람은 처음에는 무난해 보이지만, 시간이 갈수록 어긋난다. 이전 조직의 방식을 그대로 적용하려다 충돌하고, 스타트업 특유의 농도 짙은 조직문화에 섞이지 못하고 서서히 겉돈다. 처음엔 "적응 기간이겠지" 하다가, 석 달쯤 지나면 "원래 저런 사람이었나" 싶어진다.

한 스타트업에서 서비스 운영팀장이 퇴사하자 3주 만에 대체자를 구했다. 대기업 출신, 8년 차, 화려한 이력서. 두 달도 안 돼서 "일은 잘하는데 우리 방식하고 너무 달라요"라는 소리가 나왔고, 넉 달째 퇴사를 이야기했다. 3주 만에 뽑아서 6개월을 날린 거다.

또 다른 스타트업은 마케팅 팀장이 갑자기 퇴사하자 2주 만에 대체자를 채용했다. 이 신입 팀장은 과거 FMCG 기업의 방식만 고집하며 디지털 전환 문화를 거부했다. "제가 원래 하던 방식이 있어서 요"가 입버릇이었다. 팀원 3명이 추가로 나갔고, 결국 반년도 못 되어 퇴사했다. 급히 뽑은 한 명 때문에 팀 전체가 무너진 것이다
.

## 급하다면서 기준은 공유 안 하는 현실

대표들은 "급하다"고 하면서 정작 채용 기준은 제대로 공유하지 않는다. "사람 괜찮네"라는 두루뭉술한 기준만 남고, 면접에서 "느낌이 안 좋다"며 탈락시킨다. 느낌이 뭔데요, 느낌이. 그러면서 HR에게는 더 빨리하라고 압박한다.

기준을 공유하지 않는 건 단순한 커뮤니케이션 문제가 아니다. 채용 실패 시 책임을 전가할 구실이 된다. "그 사람 내가 뽑으랬냐?", "왜 이렇게 시간만 끌었냐?" 애매모호한 기준 속에서 HR은 속도도 품질도 다 책임져야 하는 불가능한 미션을 떠안는다.

채용을 큰 그림으로 본다는 건 절차를 정비하라는 뜻이 아니다. 조직 안 의사결정의 책임 구도를 분명히 하라는 이야기다.

## 채용, 늦춰야 할 때와 늦출 수 없는 함정

① 늦어져도 뽑지 말아야 할 때

많은 대표은 "늦어질수록 팀이 망가져요"라고 말한다. 맞다. 하지만 급하게 잘못 뽑으면 피해는 훨씬 커진다. 둘 다 망가지긴 마찬가지인데 후자가 더 비싸다.

첫째, 그 자리가 정말 필요한지부터 점검해야 한다. 한 스타트업은 COO를 두 번이나 교체했다. 대표가 직접 운영을 챙기는 스타일이었기 때문이다. 처음부터 필요 없는 자리였다. 잘못 뽑은 두 명의 COO가 남긴 비용은 수억 원이었다.

둘째, 공백이 있더라도 버틸 수 있는지 고민해야 한다. 한 스타트업은 운영 매니저 공백으로 정신없었지만, 두 달간 아웃소싱으로 메우기로 했다. 그동안 어떤 인재가 필요한지 명확히 규정할 수 있었고, 나중에 뽑은 인재는 1년 만에 팀 리더로 성장했다. 두 달 참은 게 2년을 벌었다.

셋째, 시장의 타이밍을 봐야 한다. 연말은 이직 시장이 가장 잠잠하다. 12월에 이직하는 사람은 보너스를 포기할 만큼 급한 사람이거나, 보너스를 못 받을 만큼 평가가 안 좋은 사람이다. 한 스타트업은 석 달을 허비한 끝에 이듬해 3월에야 좋은 후보를 단숨에 구할 수 있었다.

② 안 뽑는 것도 함정이다

요즘은 '인재 밀도'나 '조직문화 핏'을 이유로 끝없이 기다리겠다는
조직도 많다. 근데 이것도 함정이다.

빈자리가 조직에 주는 데미지는 실체가 있다. 업무 과부하, 팀원 소
진, 고객 대응 누수. "검증될 때까지 무한정 기다린다"는 전략은 듣
기엔 멋있는데, 실상은 다른 사람들의 소모를 전제로 한 것이다.

'조직문화 핏'을 과도하게 강조하면 채용 자체가 불가능한 과제가
되기도 한다. "우리 문화에 안 맞는다"라는 명분으로 거절하지만,
정작 어떤 점이 맞고 안 맞는지 기준이 명확하지 않다. "핏이 안 맞
아"는 "설명하기 귀찮아"의 고급 버전일 때가 있다.

한 스타트업은 HR 헤드를 8개월째 뽑지 못하고 있었다. 대표는 "핏
이 맞는 사람만 쓴다"며 계속 탈락시켰지만, 그 공백 동안 팀장이
인사 업무까지 떠안았다. 결국 팀장이 되사헸고, 조직은 처음보다
훨씬 큰 손실을 입었다. 핏 찾다가 사람 잃었다.

## 그럼 대체 어떻게 하라는 건가

빨리 뽑아도 문제, 안 뽑아도 문제, 늦어져도 문제. "그럼 뭘 어쩌라

고요?" 이 질문 많이 받았다.

핵심은 채용을 '행위'가 아니라 '그림 그리기'로 바꾸는 것이다. 공백을 메우는 동안 역할을 새롭게 정의하거나, 외부 자원으로 시간을 버는 것이 전략이다. 시간을 버는 건 도망이 아니라 준비다.

그 시간 동안 조직이 해야 할 일은 분명하다. 빈자리가 조직의 미래에서 어떤 역할을 맡아야 하는지 규정하고, "이 사람이 아니면 안 된다"는 고정관념에서 벗어나 유연하게 역할을 다시 그리고, 필요하다면 외부 전문가나 계약직 같은 다른 형태를 고려한다.

한 스타트업은 개발 리더가 갑자기 퇴사했을 때 급히 채용하지 않았다. 팀 내 중간급 개발자 두 명을 임시 리더로 세우고, 외부 CTO 멘토를 단기 고문으로 불러 한 달간 채용을 멈췄다. 그 한 달간 '우리가 진짜 원하는 리더상'을 구체적으로 규정할 수 있었고, 두 달 뒤 뽑은 CTO는 2년째 안정적으로 팀을 이끌고 있다.

"안 뽑고 기다리는 것"과 "뽑아서 실패하는 것" 사이에는 수많은 회색지대가 있다. 완벽한 답은 없다. 덜 나쁜 선택을 빠르게 하는 게 현실이다.

## 타이밍과 사람의 결

### ① 같은 사람도 타이밍이 다르면 다른 결과

여기서 더 무서운 진실이 있다. 같은 사람도 타이밍이 달라지면 전혀 다른 무게를 지닌다. 사람이 변한 게 아니라 상황이 변한 거다.

한 스타트업은 경영지원 전문가를 15명 규모일 때 뽑았다. 보고서를 쓰고 프로세스를 정리했다. 팀원들의 반응은 "우린 지금 보고서 쓸 때가 아닌데…" 넉 달 만에 퇴사했다. 그런데 같은 사람이 2년 뒤 80명 규모가 됐을 때 다시 합류했고, 이번에는 프로세스 설계가 환영받았다. 지금 그는 CFO다.

채용에서 가장 큰 오해는 "저 사람이 다른 조직에서 잘했으니 우리도 잘할 것"이라는 가정이다. 그 '잘함'조차도 타이밍의 산물일 수 있다.

### ② 조직의 성장 곡선과 인재의 결

스타트업의 성장 곡선은 하나의 직선이 아니다. 이 곡선의 어디쯤에 서 있느냐에 따라 필요한 인재의 결은 완전히 달라진다.

- 0에서 1로 가는 단계 — 문제를 정의하고 판을 깔아야 하는 시

기. 정답도 없고 문제도 없다. 문제를 만들어야 한다. 혼돈 속에서 본질적 질문을 던질 수 있는 사람이 필요하다.

- 1에서 10으로 가는 단계 — 실험보다 재현이 중요한 시기. 한 번 잘된 일을 여러 번 반복하고 같은 품질로 내보낼 수 있어야 한다. "새로운 시도 해봐요!"만 외치는 사람은 오히려 방해가 된다. 프로세스를 만들고 관리할 수 있는 사람이 필요하다.
- 10 이후 안정 단계 — 안정적 운영과 리스크 통제가 중요한 시기. "우리 좀 더 스타트업처럼 움직여야 해요!"라고 하면 조직이 흔들린다.

문제는 많은 조직이 자기가 어느 단계인지 잘 모른다는 거다. 다른 회사에서 잘했다고 우리 조직에 맞는 인재라는 보장은 없다.

"지금 우리는 어떤 곡선 위에 서 있는가?" 채용은 스펙 좋은 사람을 뽑는 일이 아니라, 이 곡선을 읽고 조직의 큰 그림에 맞는 결을 찾아내는 일이다.

### 채용은 그림 그리기다

급한 자리는 곧장 뽑는 자리가 아니다. 급할수록 스스로에게 물어야 한다. 지금 뽑는 것이 정말 필요한가? 이 시점에서 맞는 인재의 결은 무엇인가? 다른 방식으로 버틸 방법은 없는가?

채용은 빈자리를 메우는 일이 아니다. 조직이 어디로 가고 있는지, 지금 필요한 힘이 무엇인지, 그것을 감당할 준비가 되어 있는지를 묻는 일이다.

급함은 죄가 아니다. 그러나 성급히 뽑은 비용은 언제나 처음보다 더 크게 돌아온다. 이 단순한 진실을 기억하는 것, 그것이 채용의 시작이다.

# 채용에서의 연봉 협상, 왜 자꾸 감정싸움이 되는 걸까

"연봉 5천만 원 드릴게요."

이 말을 듣고 기뻐했는데, 막상 계약서를 보니 기본급은 3천만 원이었다. 나머지는 성과급, 명절 상여, 각종 수당의 합산. 이런 경험, 한 번쯤 있지 않은가?

한국에서 '연봉'이라는 단어는 회사마다 전혀 다른 의미다. 어디서는 기본급에 수당을 더한 숫자이고, 어디서는 성과급을 포함한 총액이며, 또 다른 곳에서는 명절 상여까지 합산된 금액이다. 겉으로는 모두 "연봉 총액"이라는 단어로 대화하지만, 실제로는 완전히 다른 보상 체계를 이야기하고 있는 셈이다.

그래서 채용 오퍼는 단순한 연봉 협상이 아니다. 오퍼는 조직이 후보자를 어떤 기준으로 바라보는지, 어떤 구조 속에서 함께하려는지를 보여주는 순간이다. 숫자만 던지면 협상은 감정싸움이 된다. 설명이 있어야 신뢰가 생긴다.

## 한국 연봉 구조의 복잡한 현실

한국의 연봉 구조가 왜 이렇게 복잡해졌는지부터 짚어보자.

- 기본급 + 수당 구조. 한 제조업 회사는 기본급을 낮추고 각종 수당으로 보상을 보완했다. 연봉 5천이라 소개했지만 실제 기본급은 3천. 이 후보자가 이직할 때 새 회사에서는 기본급만 기준으로 잡았고, 결국 "연봉이 줄었다"고 느꼈다.
- 성과급 중심 구조. 삼성전자 출신 후보자가 "연봉 9천"이라고 말했다. 실제로는 기본급 5천에 반기별 성과급 4천. 스타트업으로 이직하면서 성과급을 뺀 기본급만 기준이 되자 오퍼가 낮게 느껴졌고, 협상에서 갈등이 생겼다. 같은 직급이어도 사업부별 지급률 차이로 총보상이 수천만 원씩 달라지기도 한다.
- 상여 · 인센티브 구조. 전통 대기업에서는 명절 상여나 연말 성과급이 별도 지급된다. 임단협이 강하게 작동하는 회사의 경우, 개인 성과와 무관하게 협상 결과에 따라 총보상이 좌우되기도 한다

결국 한국의 연봉은 단일 수치로 비교할 수 없다. 총보상 구조 관점에서 해석해야 한다. 그런데 현실에서는 여전히 "전 직장에서 얼마 받았는지"가 협상의 기준이 되고, 이 때문에 오퍼는 쉽게 흔들리고 협상은 감정적 공방으로 흐른다.

## 오퍼 설계의 3대 축

전략적 오퍼 설계는 단순히 시장 평균 맞추기가 아니다. 내부 구조, 외부 시장, 전략적 필요를 함께 고려해야 한다.

내부 정합성이 기본이다. 같은 팀, 같은 레벨에서 보상 격차가 크면 조직 신뢰가 무너진다. "협상 잘한 사람이 더 받는다"는 인식이 퍼지면 조직문화 전반이 흔들린다.

시장 경쟁력은 채용 성패와 직결된다. 동일 직무라도 업계와 성장 단계에 따라 보상 수준이 크게 다르다. 제대로 파악하지 못하면 오퍼가 연달아 거절당하거나, 너무 높게 제시해서 내부 균형을 해친다.

전략적 중요성은 특정 시점에 반드시 고려해야 한다. 글로벌 진출, 신사업 확장 같은 전환기에는 특정 역할에 프리미엄을 붙일 수밖에 없다. 다만 "왜 이 시점에 이 역할이 중요한지" 설명하지 못하면 형평성 논란이 생긴다.

## 왜 현장에서는 잘 안 될까

이론은 그럴듯한데, 현실은 다르다. 내부 정합성만 지키면 외부 시장과 괴리가 생기고, "우리끼리는 공정하다"는 논리가 채용 경쟁력을 깎아 먹는다. 시장 경쟁력은 IT · 개발자 영역처럼 반년 만에 평균 연봉이 천만 원 이상 오르면 오늘 세운 기준이 내일이면 무력화된다. 전략적 중요성은 주관이 개입되기 쉬워서, 근거 없이 밀어붙여지면 "결국 대표 마음대로"라는 인식만 남는다.

여기에 한국에서는 신뢰할 만한 시장 보상 데이터 자체가 부족하다. 글로벌처럼 장기간 축적된 레퍼런스가 없고, 채용 플랫폼의 단편적 수치에 의존하는 경우가 많다. 게다가 토스가 개발자 연봉을 일괄 1.5배 올렸을 때처럼, 특정 기업의 과감한 시도가 기존 시장 질서를 한순간에 뒤엎는 이벤트도 수시로 등장한다.

## 기본급 밴드, 그리고 그 한계

연봉은 연차가 아니라 책임과 역할 기준으로 설계되어야 한다. 이를 위해 조직은 기본급 밴드를 갖추고 레벨 단위로 구분하는 게 바람직하다.

한 핀테크 기업은 초창기에 밴드 없이 채용을 진행했다. 결과적으로 동일한 4년 차 개발자 중 한 명은 5천만 원, 다른 한 명은 6천8백만 원을 받고 있었다. 서로의 연봉을 알게 된 순간 신뢰가 무너졌고, 인력 이탈로 이어졌다.

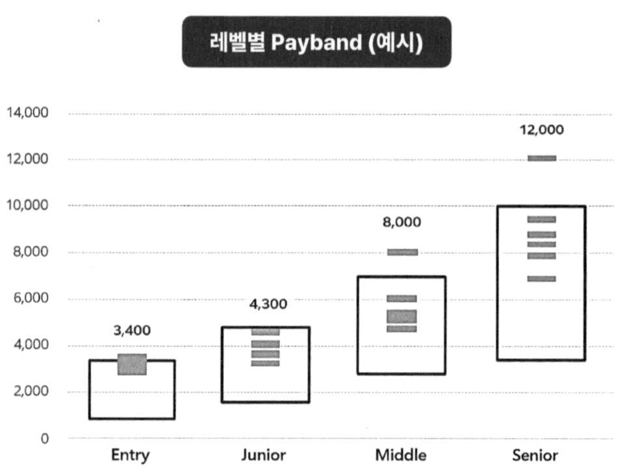


밴드는 단순한 숫자 표가 아니라 "우리 조직의 보상 구조가 어떤 균형 위에 서 있는가"를 보여주는 장치다. 다만 레벨 정의 자체가 명확해야 작동한다. 주니어와 미드의 차이, 시니어와 리더의 구분이 불분명하면 밴드는 무의미해진다. 그리고 한 번 만들어놓는 고

정된 틀이 아니라, 업종의 특수성과 시장 흐름을 반영하며 계속 조
정해야 의미가 있다.

## 밴드가 무너질 때

밴드는 내부 신뢰의 최소 장치다. 한 번 무너지면 조직 전체가 흔
들린다.

문제는 밴드 자체보다 그것을 존중하려는 경영진의 태도다. 현실
에서는 대표가 "이 사람 꼭 데려와야 해"라며 밴드 상단을 훌쩍 넘
는 제안을 하는 경우가 흔하다. 단기적으로는 땜질처럼 보여도, 기
존 구성원들은 곧 그 사실을 알게 되고 "결국 원칙보다 대표 판단
이 우선이구나"라는 신호를 받는다. 이 순간부터 보상 체계에 대한
신뢰는 빠르게 무너지고, 보상이 제도의 문제가 아니라 '관계와 영
향력'의 문제로 전락한다.

## 협상 테이블의 두 가지 문제

오늘날 협상 테이블에는 두 가지 문제가 있다.

시장 연봉 중심 사고의 함정. 협상은 흔히 "시장 수준에 맞게 해달
라"는 말로 시작된다. 하지만 실제로 뜯어보면 포지션의 적정 가치

와는 거리가 먼 경우가 많다. 이건 시장 중심 사고라기보다, 과거 연차 · 호봉 중심 보상 체계의 잔재에 가깝다. "이직하면 최소 몇 %는 올라야 한다" 같은 고정관념이 협상의 출발점이 되면, 회사는 금액 비교에서 방어적으로 몰리고 후보자는 자신의 가치를 포지션이 아닌 호봉식 기준으로 규정해 버린다.

일단 질러보자 문화. 후보자는 원하는 금액보다 높게 부르고, 회사는 줄 수 있는 것보다 낮게 제시한다. 최근 경기 침체 속에서 후보자들은 더 과감하게 질러보고, 회사는 "굳이 양보할 필요 없다"는 태도로 방어적 금액을 고수한다. 협상이 기대치를 맞추는 과정이 아니라, 누가 상대를 더 양보하게 만드느냐의 힘겨루기로 변질된다. 합의에 도달해도 "내가 손해 봤다"는 감정이 남아 이후 관계에 부정적 영향을 준다.

## 협상에서 자주 충돌하는 지점들

연봉 협상은 단순한 금전 거래가 아니라 "나의 가치가 어떻게 평가되는가"의 문제와 직결된다. 과거에는 "전 직장보다 높은가 낮은가"만 따졌지만, 이제 후보자들은 훨씬 촘촘하게 따진다.

- 보상 책정 기준.

"이 연봉은 어떤 기준으로 산정됐나?" 레벨 체계, 내부 밴드, 직무별 책임 범위가 명확히 설명되어야 한다. 기준이 없다고 판단되면 후보자는 감정적으로 요구하고, 입사 후에도 재협상을 요구한다.

- 현금 vs. 옵션.

스톡옵션은 한때 강력한 협상 카드였지만, 지금은 매력이 줄었다. 후보자들은 행사가격, 행사 시점, 매입 보장 여부까지 꼼꼼히 확인한다. 준비 없이 옵션을 꺼내면 오히려 불신만 키운다.

- 총보상 관점

성과급, 복리후생, 주거·식대 보조, 휴가까지 모두 합산해서 본다. 체계적으로 설명하지 못하면 "연봉이 낮다"는 인식으로 흘러가고, 잘 정리해서 보여주면 같은 금액도 만족도가 올라간다.

- 조기 리뷰 요구.

"초봉이 다소 낮더라도 6개월 후 재협상 기회가 있느냐?"를 묻는다. 불확실한 옵션 대신 단기적으로 보상이 개선될 수 있다는 약속을 원하는 거다. 문제는 회사가 섣불리 약속해 놓고 못 지키는 경우다. 이때 실망은 훨씬 커지고, "처음부터 신뢰할 수 없는 회사"라는 낙인이 남는다.

- 근무 형태와 겸업

원격 가능 여부, 유연 출퇴근, 사이드 프로젝트 허용 여부가 금액 인상보다 큰 결정 요인이 되기도 한다. "원격 불가"라는 단어 하나로 지원자가 빠져나가는 시대다.

- 정보 공유 확산

블라인드, 원티드톡, 각종 커뮤니티를 통해 연봉 정보가 빠르게 공유된다. 회사가 내부 논리에 따라 낮은 오퍼를 제시하면 후보자들은 즉시 비교하고 "시장보다 낮다"고 결론 내린다. 한 번 이런 낙인이 찍히면 채용 경쟁력이 계속 떨어진다.

- 오퍼 제시의 전략적 관점

오퍼는 숫자를 제시하는 자리가 아니다. 조직이 후보자에게 보내는 첫 메시지이자 관계의 출발점이다.

근거화된 설명이 필요하다. "적정 수준"이라는 표현만으로는 설득력이 없다. 레벨 체계, 직무별 기대 성과, 비교 가능한 포지션을 기준으로 설명해야 한다. 금액이 크든 작든 근거가 보이지 않으면 불신을 갖고, 반대로 설득력 있는 근거는 낮은 오퍼도 수용 가능하게 만든다.

맥락을 전달해야 한다. 연봉 총액만 던지는 건 가장 흔한 실수다. 금액이 어떤 역할과 책임을 전제하는지, 기대되는 성과는 무엇인지 구체적으로 전달해야 한다. "6개월 후 성과 검토 시 빠른 연봉 조정이 가능하다"는 메시지는 금액 이상의 신뢰를 준다. 맥락 없는 금액은 단순 비교 대상이지만, 맥락이 담긴 금액은 회사와 후보자가 공유하는 약속이 된다.

관계의 출발점임을 기억해야 한다. 오퍼는 후보자가 조직문화를 처음 경험하는 순간이다. "대표가 정했다", "대충 시장 수준" 같은 근거 없는 설명은 불안을 키우고, 입사 후에도 보상 문제로 갈등이 반복된다.

## 오퍼는 금액이 아니라 맥락이다

좋은 오퍼는 "누구에게 얼마를 준다"의 문제가 아니다. 조직이 사람을 어떤 철학으로 바라보며, 어떤 구조 속에서 함께하려는지를 보여주는 행위다. 보상은 금전적 교환이 아니라, 성과를 인정하는 언어이자 신뢰를 시작하는 신호다.

결국 오퍼는 설득의 자리가 아니다. 협상을 이기기 위한 숫자 싸움이 아니라, 설명 가능한 구조를 보여주는 과정이다. 이렇게 설계하고 전달할 수 있을 때, 금액의 높고 낮음을 넘어 후보자는 신뢰를 느끼고, 조직은 건강한 관계의 기반을 마련할 수 있다.

# 인재 밀도와 성장, 둘 다 가질 수 있을까?

아래 두 가지 예시에 대한 가상의 시나리오를 정리해 본다. 둘 다 극단적인 가정이지만, 현실에서 자주 마주치는 고민이다.

**[시나리오 ①: 인재 밀도 타협 불가]**
"우리는 성장을 해야 하지만 인재 밀도와 인재상에 대해서 타협할 수 없다."

일단 그러기 위해서는 엄격한 채용 기준이 유지되어야 한다. 그러면 필연적으로 채용의 리드타임이 길어지고 합격자 비율이 낮아지게 된다.

현업에서 먼저 고민이 시작된다. 비즈니스 성장을 위해서는 당장 인력이 필요한데 그렇다고 수준에 대해 타협을 하게 되면 장기적으로는 더 부정적이고 현재 높은 맨파워 수준을 유지할 수 없다. 그렇다고 계속 엄격한 기준을 유지하면 그동안 비즈니스 성장을 막거나 혹은 막지 못한다면 기존 인력이 더더욱 고생해야 한다.

기존 인력이 기존에 80% 정도의 여유를 두고 있었다면 괜찮을지 몰라도 이미 성장을 시키기 위해서 120~150% 무리를 하고 있었다. 이미 다들 불타고 있는데 언제 올지 모르는 소방차를 기다리는 꼴이다.

결국 성장을 위해 필요한 인재를 위한 엄격함이 도리어 비즈니스에 대한 허들이 될 수도 있다.

※ 또 다른 극단적 가정으로 인재에 대한 기준을 타협하지도 않으면서 채용도 빨리 된다면 그건 그야말로 베스트 상황이다. 하지만 그러기 위해서는 도리어 채용에 대한 인력 혹은 비용 리소스를 많이 투자해야만 한다. 공짜 점심은 없다.

**[시나리오 ②: 성장 우선, 기준 타협]**
"우리는 일단 성장 해야 하니 인재 밀도와 인재상에 대해 타협을 하겠다."

일단 빠른 인력 공급을 최우선 순위로 올렸다. 그렇다면 채용 기준/프로세스 또한 어느 정도 유연성을 가지도록 한다. 기존에 채용 bar를 90점으로 했다면 70점까지도 타협할 수 있다.

일단 완전 C급은 아니지만 기존 대비 낮은 bar를 통과한 인력이 들어와서 당장 비즈니스 성장에는 숨통이 트였다. 그런데 또 다른 갈등이 발생한다.

기존 인력들이 새로운 인력들에 대해 불만을 가지고 회사에 대해 실망을 하게 된다. 본인들이 생각할 때 우수한 동료 수준을 회사에서 유지해 주지 못하고 전체적으로 회사가 점점 별로가 되어간다고 생각한다. "예전엔 안 그랬는데"가 입버릇이 된다.

그러다 보면 우수 인력은 더 동기부여가 떨어지고 그 안에서 프리라이더 혹은 애티튜드 / 책임감이 떨어지는 인력들도 점점 나타나게 되며 이를 관리하기 위한 별도의 조직 리소스가 더 부여된다.

비즈니스 / 회사의 성장을 너무 급하게 대응하다 보니 어느 순간 회사 내에서는 공통의 기준 / bar라고 부를 수 있는 컬처도 약해지고 핵심인재(단순 high performer의 개념이 아닌 회사의 비전/미션에 공감하며 mission–driven으로 일하는 인력)들은 이탈하고 결국 남는 건 일반 회사에서 볼 수 있는 그냥 월급받음을 최우선으로 생각하는 인력들뿐이게 된다. 급한 불 끄려다 집을 태운 셈이다.

비즈니스/회사 성장을 최우선으로 하여 다른 부분들을 타협하다 보니 단기적으로는 도움이 되었지만 장기적으로는 회사의 철학과 조직이 망가지는 경우가 발생한다.

## 현실은 그 중간 어딘가

위의 두 시나리오는 굉장히 극단적인 가정이다. 실제 조직 내에서는 당연히 그 중간의 어느 지점에서 잘 균형적으로 운영을 하며 진행된다. 그것이 HR의 역할이며 또 어떻게 그 밸런스를 맞춰가는가가 역량이다.

대표적 두 가지 경우를 통해 얘기하고 싶었던 것은 경영이란 것은 결국 수많은 선택을 하게 되고 그 선택들에 대한 책임을 진다는 것이다.

선택은 정답도 없고 오답도 없다. 단지 각 선택에서는 항상 장점/단점, 얻는 것/잃는 것이 있을 뿐이다. 좋은 것들만 취할 수 있는

옵션은 이 세상에 없다.

분명 회사가 어떤 것을 전략적으로 혹은 신념에 따라 선택했다면 그 선택에 대한 기회비용은 분명히 인정해야 한다.

**그래서 어떻게 해야 하나**

가능하다면 나는 스타트업의 빠른 성장 주기 특성상 명확한 강점 기반의 성장 전략을 추구해야 한다고 생각한다. 장점 위주로 판단하길 조언한다. 그리고 장점 중에서도 어중간하게 전반적으로 좋은 내용보다는 명확하고 뾰족한 장점 위주로 판단하는 것을 조언한다. 기회비용은 어디서든 발생하기에 차라리 얻을 수 있는 장점을 확실히 취할 수 있음이 성장에는 더 큰 도움이 될 수 있다.

기회비용이 너무도 크고 달콤해 보여 인정하고 싶지 않아 선택을 하지 않고 둘 다를 만족할 수 있는 방안을 고민하다 보면 선택을 할 수 있는 골든타임은 지나가 버린다. 둘 다 갖겠다고 버티다가 둘 다 놓친다.

그럴 때는 일단 명확하게 선택을 한 뒤 기회비용인 부분에 대해 버려도 될지, 도저히 버릴 수 없다면 일단 장점을 위주로 강하게 가면서 단점을 어떻게 나중에 보완할 수 있을지를 고민해야 한다.

## 결국 사람이 답이다

여담으로 내가 예전 회사의 성장을 견인하는 것은 인재라고 했었다. 이렇게 힘들고 어려운 고민 과정을 거치더라도 좋은 사람이 들어오게 되면 문제 해결과 조직 성장은 순식간에 해결한다. 이는 기대치의 100%, 150%의 영역이 아닌 500%, 1000%의 영역이다. 한 명이 열 명 몫을 하는 게 과장이 아니다.

회사가 점점 성장을 하면서 비즈니스 규모와 난이도가 커질수록 사실은 이때부터 인력/조직 관점에서는 1차 함수의 직선 접근법이 통하지 않는다. 비즈니스 관점에서도 범위 × 난이도의 최소 2차 함수 고민들이 발생하듯이 조직/인력 관점에서도 더 복잡한 관점들과 고민들이 생기게 된다.

결국 그것을 해결하기 위해서는 시스템/프로세스 자체의 고도화가 최종적으로는 이루어져야겠지만 그전까지는 사실 맨파워로 이루어져야 한다. 그러면 성장할수록 인력에 대한 중요성과 필요성은 더더욱 커질 수밖에 없고 그 과정에서는 수많은 HR에 대한 선택들과 기회비용들이 발생하게 된다.

그것들을 어떻게 잘 관리하고 또 이겨내 오냐가 그 회사의 성장 과정이라고 생각한다. 인재 밀도와 성장, 둘 다 가질 수 있을까? 솔직히 말하면 어렵다. 하지만 둘 다 포기하지 않으면서 균형점을 찾아가는 것, 그게 HR의 일이다.

# 제4부

# 조직은 살아있다 (조직관리)

# 퇴사율 30%, 이거 문제인가요?

예전에 어떤 스타트업 대표가 고민을 털어놨다. "올해 퇴사율이 30%예요. 이거 정상인가요?"

나는 되물었다. "누가 나갔는데요?"

알고 보니 저성과자 3명, 본인 의지로 이직한 주니어 2명이었다. 핵심 인재는 한 명도 안 나갔다. 그럼 괜찮은 거다. 오히려 건강한 신진대사가 일어나고 있다는 신호일 수도 있다.

퇴사율이 높으면 불안하고, 리텐션이 낮으면 실패처럼 느껴진다. 하지만 그 수치는 회사의 전략, 산업 구조, 성장 단계, 인재 수급력과 연결될 때만 의미가 있다. 중요한 건 '얼마나 떠나느냐'가 아니라 '누가 떠나느냐'다.

리텐션을 모든 직원에게 일괄 적용되는 개념으로 보지 않는다. "회사가 꼭 붙잡고 싶은 사람"에게 집중되는 단어다.

저성과자나 맞지 않는 사람과는 빠르게 이별하고, 잘 맞고 잘하는 사람은 오래 함께하고 싶다. 솔직히 그거다. 모든 직원을 똑같이 붙잡겠다는 건 현실적이지도, 전략적이지도 않다.

**무조건 높은 리텐션이 좋은 건 아니다**

리텐션은 절대 선(善)이 아니다. 산업, 비즈니스 모델, 전략, 성장 단계에 따라 가치와 필요성은 달라진다.

건강한 성장을 위해서는 어느 정도의 흐름이 필요하다. 채용·보상·징계라는 HR의 기본 원칙이 작동하는 조직이라면 자연스럽게 유입과 유출이 생긴다. 이 흐름이 완전히 막힌 조직은 정체되고 역동성을 잃는다.

물류, 소비재, F&B, 패션 같은 산업은 높은 turnover를 전제로 돌아간다. 물류 현장 인력의 연간 퇴사율이 50~70%에 달하는 건 드문 일이 아니다. "회사가 못해서"가 아니라 "그렇게 설계된 비즈니스"이기 때문이다.

어떤 스타트업은 기성 기업에서 외주로 두는 인력을 인하우스로 운영한다. 근속이 길어지면 숙련도와 안정성이 생기지만, 동시에 인력 유연성은 떨어진다. HR이 봐야 할 건 '착하다 · 나쁘다'가 아니라, 지금 이 비즈니스에 가장 효율적이고 효과적인가다.

리텐션을 유연하게 가져가려면 뭐가 필요할까? 채용 역량이다. 핵심 인력이 갑자기 떠났을 때 3개월 안에 그만큼의 사람을 채울 수 있는가? 없다면 붙잡아야 한다. 있다면 "꼭 붙잡아야 하나?"라는 질문을 전략적으로 던질 수 있다. 그게 전략적 유연성이다.

채용이 안 되는 회사가 리텐션을 유연하게 가져가겠다는 건, 수입 없이 지출을 늘리겠다는 것과 같다.

## 사관학교 이미지를 두려워하지 마라

회사가 잘 성장하고 성과를 낸다면, 짧게 근무하더라도 그 경험은 그 사람의 커리어에 도움이 된다. 퇴사는 배신이 아니다. 다른 현장에서 우리 브랜드를 전파하는 과정이 될 수 있다. 네이버 출신, 구글 출신, 쿠팡 출신… 이런 타이틀이 또 다른 후보자에게 "저 회사 괜찮구나"라는 시그널이 된다.

2년 다니고 좋게 나간 사람이 업계에서 우리 회사를 좋게 얘기해주면, 채용 광고 열 번보다 효과적이다. 물론 전제가 있다. 퇴사 과정에서의 법과 매너, 사람에 대한 존중은 언제나 지켜져야 한다. 좋게 보내야 좋게 얘기한다.

**우리 회사에 맞는 리텐션 수준은 어떻게 알 수 있을까?**

- 우리 비즈니스에서 '사람'의 숙련도가 얼마나 중요한가? 숙련도가 중요하면 리텐션이 중요하다. 대체 가능한 역할이면 유연하게 가도 된다.
- 핵심 인력이 떠났을 때, 대체 인력을 얼마나 빨리 구할 수 있는가? 3개월 안에 구할 수 있으면 유연하게, 6개월 이상 걸리면 붙잡아야 한다.
- 지금 퇴사하는 사람들은 누구인가? 핵심 인재가 나가면 문제다. 저성과자가 나가면 건강한 신진대사다.
- 리텐션 비용이 실제 비즈니스 성과로 돌아오는가? 리텐션 비용이 채용 비용보다 훨씬 높다면 재고해야 한다.

**리텐션은 수단이다**

이탈률 자체를 절대적 지표로 문제 삼지 않는다. 항상 전체 전략과 메커니즘 속에서 해석한다. 퇴사율 30%가 문제인 회사도 있고,

10%가 문제인 회사도 있다. 숫자 자체는 아무것도 말해주지 않는다.

회사의 목적은 직원을 오래 붙잡는 게 아니라, 비즈니스의 목적과 지속 가능성을 지키는 것이다. 리텐션은 그 목적을 달성하기 위한 수단일 뿐이다. 수단을 목적으로 착각하는 순간, 전략은 흔들린다.

## 시니어에게 중요한 것은 돈보다 예의와 존중

"시니어분들은 너무 어려워요. 처우가 약하지 않은데도 과하게 요구하지 않아서 다행이다 싶었는데, 그게 맞는 건지 불안해요. 몇 분이 퇴사했는데 솔직히 이유를 들어도 이해가 안 돼요."

어느 대표에게 받은 질문이다. 과거의 나였다면 같은 마음이었을 수 있다. 지금 답할 수 있는 건 세월의 힘이라고 생각한다.

결론부터 말하면, 시니어들에게는 예의와 존중이 중요하다.

너무 당연한 말 같지만 의미는 까다롭고 복잡하다. 인간의 본성, 감정, 욕구에 대한 보편적 이해가 필요하고, 한국 사회의 유교적 관점까지 함께 고려해야 한다.

**책임과 권한 영역**

보상 영역이 잘 몰라서 실수하는 영역이라면, 책임과 권한 영역은
알면서도 실천을 못 하는 영역이다.

**약속한 영역을 존중하라**

회사가 시니어에게 최초 약속했던 영역에 대해서는 존중해야 한다.
영역에 대한 존중은 의사결정 권한을 준다는 말과 같다.

대표가 적응을 위해 개입할 순 있지만, 이건 감시가 아니라 도움의
관점이어야 한다. 그 둘의 온도 차이는 말 안 해도 다 느낀다. 시니
어를 뽑는다는 건 믿고 맡긴다는 말과 같다. 그게 계약이다. 성과가
나오지 않으면 고용관계를 종료하면 된다.

대표들에게 물어보면 "C레벨은 존중해야 하지만 시니어는 아직 그
정도는 아니다"라고 한다. 하지만 C레벨은 타이틀일 뿐이다. C레벨
이 퇴사하는 것보다 실무 전문성을 가진 시니어의 퇴사가 더 큰 타
격을 준다. C레벨은 의사결정에서 잠시 공백이 생길 뿐이지만, 시
니어의 퇴사는 업무 전문성 하락과 채용 브랜딩 악화를 동시에 가
져온다.

**당장 성과가 안 나와도 기다려라**

시니어를 뽑아서 조직을 맡긴다면 건들지 않아야 한다. 선의에 의해서라도 개입하지 않아야 한다.

시니어가 왔다고 조직원을 통째로 데려오는 경우는 거의 없다. 기존 인력들과 일하게 된다. 그러면 대표는 관성에 따라 예전처럼 그 인력들에게 직접 연락하거나 업무를 지시한다. 선의에서 한 것이라도 그건 시니어에 대한 존중이 아니다.

당장 성과가 안 나와도, 기존 인력과 갈등이 생겨도, 심지어 이탈이 발생해도 내버려둬라. 그게 시니어를 채용한 선택에 대한 책임이고 무게다. 어중간한 마음가짐으로 시니어의 진면목도 보지 못하고 나가게 하는 것보다, 차라리 잘못 뽑은 결과를 뒷수습하는 게 장기적으로 싸게 먹힌다.

**인력 배치에 개입하지 마라**

시니어 조직에 대표가 인력을 임의로 배치하는 경우가 있다. 자기가 소개받은 우수 인재라고 시니어 의사를 확인하지 않고 조직에 꽂는다.

축구팀 감독을 예로 들어보자. 새 감독을 영입하면 선수에 대한 권한은 감독에게 있다. 그런데 구단주가 좋은 선수라고 임의로 팀에 넣으면, 감독은 자기 권한의 정체를 의심한다. 그렇게 뽑힌 선수는 감독 말을 안 듣는다. 구단주가 직접 넣었으니 감독 눈치를 볼 필요가 없다.

아무리 좋은 사람이라도 대표가 조직장의 조직에 인력을 임의로 배치하는 건, "당장 퇴사하라"는 말의 시작점과 같다. 정말 추천하고 싶은 사람이 있다면, 순수하게 추천만 하고 결과가 어떻게 되든 신경 쓰지 마라.

## 보상 영역

### ① 쪽팔리게 만들지 마라

시니어가 "저 얼마 해주세요"라고 말하게 만드는 건 불편한 상황이다. 한국 사회에서는 돈을 먼저 요구하는 게 명예롭지 않다고 여겨왔다. 시니어급이면 경영을 함께 고민해 본 경험이 있어 인건비가 회사에 얼마나 큰 영향을 미치는지 안다. 무리하게 부담시키기가 머쓱하다. 그런데 급여 생활자로서 보상을 무시할 수는 없다. 말하지 않아도 만족할 수준으로 알아서 처우해 주는 게 맞다.

② 배신하지 마라

시니어가 양보했다고 치자. 회사가 성장하면 양보했던 보상을 알아서 챙겨줘야 한다. 최초 보상에서 무리하게 요구하지 않았다고 해서 그게 내 가치인 건 아니다. "명예 DC"인 거다. 회사에서 싸게 채용했다고 그걸 내 가치로 인식해버리면, 그건 존중에 대한 배신이다.

보상에서 쪽팔리게 되는 경우는 세 가지다. 회사가 알아주지 않아서 결국 내가 요구하게 되는 경우. 믿고 기다렸는데 회사가 끝내 챙겨주지 않는 경우. 그리고 가장 간과되기 쉬운 것, 비슷한 급의 동료와 비교해서 내가 못 받는 경우다.

시니어급이 되면 비슷한 동료들과 네트워크가 연결된다. 각 회사에서 어떻게 대우받는지 자연스럽게 알게 된다. 능력상 부족하면 인정하겠지만, 그게 아니라면 무례한 처우라고까지 생각하게 된다.

**존중은 구체적이어야 한다**

시니어에게 존중이 중요하다는 건 뻔한 말처럼 들린다. 하지만 그 존중은 추상적인 태도가 아니다.

약속한 영역에 개입하지 않는 것. 성과가 당장 안 나와도 기다리는 것. 인력 배치를 임의로 하지 않는 것. 보상에서 쪽팔리게 만들지 않는 것. 양보를 배신하지 않는 것. 이런 구체적인 행동으로 작동해야 한다.

시니어가 말없이 떠나는 이유는 대부분 여기에 있다. 돈이 아니라 존중의 문제다. 그리고 그 존중은 말이 아니라 행동으로 증명된다.

## 꼰대는 정말 사라져야 할까?

꼰대란 지식이 없는 사람이 아니다. 오히려 지식은 많은데 관점이 멈춰 있는 사람, 질문을 멈춘 사람이 꼰대에 가깝다. 변화하는 시대 흐름 속에서도 자기 기준만을 절대적 정답이라 생각하고, 새로운 제안이나 방식 앞에서 먼저 반사적 거부감을 드러낸다. 지식 자체는 여전히 유효할 수 있다. 그러나 그 지식을 바라보는 시선이 고정되어 있고, 세상의 변화를 해석하려는 시도가 멈춰 있다면 이미 위험 신호가 켜진 것이다.

그리고 꼰대의 문제는 단순히 '연령'이나 '경력 연차'의 문제가 아니다. 자기 분야에서 일정한 성과를 낸 뒤 그 방식만이 옳다고 굳게 믿고 고집하는 순간, 나이와 상관없이 젊은 꼰대가 된다. 즉, 꼰대란 '과거의 성공 방정식'이 유일한 기준이 된 사람을 뜻한다. 30대 꼰대도 있고, 40대 꼰대도 있다.

**꼰대의 자화상**

① 내로남불형 꼰대

요즘의 꼰대는 예전처럼 나이와 직급으로만 구분되지 않는다. 외형상 젊고 세련돼 보이더라도, 사고방식이 굳어 있고 새로운 관점에 대한 배타성이 높으면 이미 꼰대의 길로 접어든 것이다.

내로남불형 꼰대는 나이 많은 꼰대를 향해 "그런 건 꼰대예요"라고 지적하면서도, 정작 본인은 또래나 어린 세대를 향해 "요즘 애들은 왜 이래?"라는 말을 태연히 한다. 문제는 스스로는 여전히 '젊고 유연하다'고 믿기에 본인 안의 모순을 알아채지 못한다는 점이다. 늙은 꼰대를 비판하면서 젊은 꼰대가 되는 아이러니.

**나는 꼰대일까? 자기 점검법**

두 가지 관점에서 스스로를 관찰해보면 된다.

첫째, 내가 잘 안다고 생각하는 분야에서의 반응을 살펴본다. 내 분야의 글을 접했을 때 '오, 이렇게 생각할 수도 있구나'라는 열린 반응이 나오는가? 아니면 '이건 아니지, 틀렸는데?'가 먼저 튀어나오는가? 후자라면 이미 내 기준이 절댓값이 되어 있다는 뜻이다.

둘째, 잘 모르는 분야의 콘텐츠를 접했을 때의 태도를 관찰한다. 모르는 것을 인정하고 호기심을 가지고 탐색하려 하는가? 아니면 익숙한 프레임 안에 억지로 끼워 맞추어 해석하려 드는가? '모르는 것에 대해 내 해석 필터로만 판단하려는 태도'가 꼰대의 전형적인 작동 방식이다.

② 선천성 vs 후천성 꼰대

꼰대는 대부분 후천적 형성물이다. 그러나 태생적 기질과 성장 환경에 따라 선천성 꼰대가 존재하기도 한다.

선천성 꼰대는 지식이나 경험이 부족할 때 나타난다. 낯선 것에 대한 불안이 강하고, '나와 다르다 → 낯설다 → 불편하다 → 틀렸다'라는 인식 흐름을 거쳐 배타적 태도로 드러난다. 세상에 대한 이해의 폭이 좁고, 자기 세계 밖의 것에 쉽게 위협을 느끼는 유형이다.

후천성 꼰대는 성취 이후에 생겨난다. 두 가지 전형이 있다. 첫째는 성공 경험 고착형으로, 어떤 방식으로든 성과를 낸 경험이 고착되어 이후의 판단 기준이 더 이상 업데이트되지 않는다. "내가 이렇게 해서 성공했는데"가 무의식적으로 모든 판단의 기본값이 된다.

둘째는 경험 위계 절대화형으로, 나이 · 출신 · 학력 · 연봉 등 특정 기준을 중심으로 사람을 평가하며 자신만의 '옳은 틀'로 확신한다. 두 유형 모두 과거의 기준이 현재를 지배한다는 공통점을 가진다.

## 꼰대는 변할 수 있는가?

변할 수 있다. 그러나 스스로 변하기는 매우 어렵다.

사람이 변하는 가장 강력한 계기는 '외부 피드백'보다 고립의 체감에서 온다. 회의에서 자신의 발언이 더 이상 주목받지 않고, 대화의 주도권이 사라지고, 사람들이 피하거나 회의 시간조차 줄이는 상황. 이런 고립이 쌓일 때 비로소 "혹시 내 방식에 문제가 있는 걸까?"라는 의문이 생긴다.

"이제 좀 바뀌셔야 합니다"라고 아무리 이야기해도, 여전히 영향력이 있다고 믿는 동안은 변화를 받아들이지 않는다. 진짜 변화는 자신이 더 이상 중심이 아니라는 것을 감각적으로 깨닫는 순간 시작된다.

## 조직과 꼰대의 관계

### ① 꼰대의 긍정적 역할

꼰대가 조직에 반드시 해악만 미치는 것은 아니다. 오랜 시간 축적된 관행과 맥락, 문서화되지 않은 암묵지를 가장 잘 이해하고 있는 구성원이다. 특히 내부 프로세스가 미비하거나 경험 전승 체계가 취약한 회사라면 이들은 '살아있는 데이터베이스' 역할을 한다.

과거 어떤 시도가 성공했는지, 어떤 방식이 실패로 끝났는지, 어떤 변수에서 위험이 발생했는지. 이 경험은 위기 상황에서 빠른 판단을 돕고 시행착오를 줄인다. "예전에 이런 상황이 있었지"라는 말 한마디가 불필요한 위험을 피하게 해준다. 구글 검색으로는 안 나오는 정보들이다.

## ② 꼰대의 부정적 영향

그러나 이 장점이 판단과 의사결정의 절대 기준으로 굳어질 때 문제가 발생한다. 지식과 경험은 자산이지만, 유연성을 잃는 순간 조직은 발전보다 '유지', 진화보다 '보존'을 택하게 된다.

경험이 많은 꼰대일수록 변화 저항은 심해진다. 직접 겪었던 실패와 성공의 사례가 머릿속에 있기 때문에, 새로운 방식은 검증되지 않은 불필요한 위험으로 보인다. "우리 때는 이렇게 해서 됐어"가 입버릇이 된다.

## 조직문화에 미치는 영향

꼰대의 존재는 개인 성향 문제를 넘어 조직문화의 작동 방식에 깊게 스며든다.

첫째, 발언 위축과 아이디어 감소. 꼰대식 발언을 반복해서 접한 직원들은 "말해봤자 안 변한다"는 인식을 갖게 되고, 회의에서 의견 개진이 줄어든다.

둘째, 경험의 위계가 지배하는 문화. 아이디어의 내용보다 '누가 말했는가'가 더 중요한 판단 기준이 되고, 기존 권위자의 동의 없이는 추진이 불가능해진다.

셋째, 비공식 권력 형성. 오랜 경험을 바탕으로 한 비공식 영향력이 공식 보고 체계보다 더 강하게 작동하며, 심할 경우 공식 의사결정 라인을 무력화시킨다.

꼰대는 조식의 과거를 보존하는 강력한 아카이브이자, 미래 변화를 가로막는 잠재적 장벽이다.

**세대 공존을 위한 조직 전략**

① 유일한 방식은 없다

꼰대와 MZ, 어느 한쪽 방식만이 절대적으로 옳다고 전제하는 순간 공존은 불가능해진다. 내가 걷고 있는 길이 누군가에겐 최선일 수 있지만, 다른 누군가에겐 불편하고 낯설 수 있다는 점을 인정해야 한다.

꼰대 입장에서는 말을 줄이고 질문을 늘리는 연습이 필요하다. '정답을 주는 사람'에서 '함께 기준을 만드는 사람'으로 전환해야 한다. "내가 해봐서 아는데"라는 단언 대신 "네 생각은 어떤데?"라는 물음을 던지는 순간 협업의 문이 열린다.

반대로 MZ 세대는 시간의 가치를 가볍게 보지 않아야 한다. 꼰대가 가진 수십 년의 시간 속에는 무수한 실험과 실패, 그 과정을 통해 걸러진 검증의 결과가 담겨 있다. 단순히 오래됐다는 이유로 버려야 할 낡은 방식이 아니라, 위험을 거르고 살아남은 생존의 지식이다.

② 말보다 행동, 감정보다 데이터

세대 간 협업은 설득으로 시작되지 않는다. MZ가 꼰대 리더와 함께 일할 때는 말로 설득하려는 시도보다 작은 실행을 통한 신뢰 쌓기가 훨씬 효과적이다.

새로운 툴 도입을 제안할 때, 전사적 도입을 요구하는 대신 한 팀·한 프로젝트 단위로 시범 적용해 본 뒤 업무 속도·오류 감소·성과 개선 등의 데이터를 수집해 제시하는 것이다. 꼰대 세대는 새로운 방식에 대한 불신이 크지만, 숫자와 결과로 보여주면 거부감이 완화된다. 결국 '작은 성과 → 데이터 제시 → 점진적 확산'의 구조다. 한 번의 설득이 아니라 여러 번의 작은 승리가 필요하다.

### ③ 갈등 완화를 위한 조직 장치

세대 간 갈등을 줄이기 위해 '마음껏 말해보라'는 것만으로는 부족하다. 오히려 불안감을 키울 수 있다. 필요한 건 어디까지 말할 수 있는가에 대한 공감된 구조와 가이드다. 행동 중심, 개선 제안 포함, 구체 사례 제시 등 간단한 가이드라인만 있어도 감정의 상처보다 건설적인 상호작용이 가능해진다.

그리고 서로 다른 관점을 공유할 수 있는 '평가 없는 이야기 장'이 필요하다. "어릴 때 생일파티는 어땠는지", "첫 고백은 어떤 방식이었는지"처럼 세대 차이가 자연스럽게 드러나는 소소한 주제는 '그 땐 그랬구나'라는 리듬을 만들고, '틀렸다'가 아닌 '달랐다'는 언어를 흐르게 한다. 비평 없는 이야기, 판단 없는 경험 교환. 그런 자리를 조직이 의도적으로 만들어줄 때 비로소 서로 다른 기준을 이해할 수 있게 된다.

## 꼰대는 조직의 균형추다

꼰대가 사라진 조직은 잠시 자유롭고 유연해질 수 있다. 하지만 동시에 오랜 시간 축적해 온 시행착오의 결과를 한순간에 잃을 위험에 처한다. 이미 겪어보고 버려진 방식이나 실패했던 길을 다시 반복할 가능성이 높다.

변화만이 선이라고 믿기 쉽지만, 실제로는 서로 다른 가치들이 각자의 속도와 방식으로 공존할 때 조직은 가장 안정적이고 유연하게 작동한다. 빠른 세대는 혁신의 가속기를, 느린 세대는 리스크의 제동기를 쥔다. 이 둘이 부딪히지 않고 맞물려 돌아갈 때 조직은 딘기 성과와 장기 지속 가능성을 함께 잡을 수 있다.

꼰대는 불편하고 답답하게 느껴질 때도 있지만, 다른 세대의 속도를 조율하고 변화를 붙잡아주는 보이지 않는 균형추다. 조직의 성장은 한쪽을 밀어내는 데서 나오지 않는다. 서로 다른 가치가 각자의 리듬으로 살아 숨 쉬며, 그 차이가 맞물려 돌아갈 때 비로소 조직은 앞으로 나아간다.

꼰대를 없애는 것이 아니라, 꼰대와 함께 가는 법을 찾는 것. 그것이 세대 공존의 진짜 과제다.

# 개인의 자유와 조직의 원칙 사이

최근 '핵 개인화'라는 키워드가 자주 등장하고 있다.

약 30여 년 전 초등학교 시절에는 '핵가족화'가 엄청난 시대적 변화처럼 교과서에 등장했다. 그런데 불과 30년 만에 우리는 핵가족에서 더 나아가 핵개인화라는 새로운 개념을 마주하고 있다. 핵가족도 이제는 너무 많은 건가.

핵 개인화가 나타난 이유는 여러 가지다. 1인 가구 증가, 저성장 시대의 도래, IT 기술 발전으로 인한 원격 근무 확산, 다양성에 대한 인식 변화, 그리고 코로나 팬데믹이 이 흐름을 가속화했다.

### HR에게 핵 개인화란

HR을 하는 입장에서 핵 개인화는 긍정적인 변화라기보다 조직관리 측면에서 도전 과제에 가깝다. 이 변화가 핵 개인화의 본질적 의미를 반영한 것인지, 한국에 들어오면서 변질된 것인지는 확신할 수 없다. 하지만 구성원들의 가치관이 변하고 있으며, 기존 조직 운영 방식에 근본적인 변화가 요구되고 있다는 것은 분명하다.

채용은 공채에서 경력직 중심으로, 고용 형태는 긱 이코노미와 프로젝트 단위 계약으로, 근무 방식은 원격 근무로, 가치 기준은 장기 근속에서 개별 성과와 성장 중심으로 바뀌고 있다. 이러한 변화들은 핵 개인화가 아니더라도 스타트업을 중심으로 HR이 변화해 온 흐름과 유사하다. 그래서 이 글에서는 '구성원들의 가치관 변화'가 조직에 미치는 영향을 중심으로 이야기해보려 한다.

## '내 마음 챙기기'의 변질

약 5년 전부터 한국에서 위로와 힐링을 주제로 한 에세이들이 유행하기 시작했다. "참기만 하지 말고, 화가 나면 화를 내고 슬프면 슬퍼해라." 자신의 감정을 억누르며 살아온 한국 사회에서 '나 자신을 소중히 여기는 법'을 배우는 계기가 되었고, 감정을 건강하게 관리하고 자존감을 회복하는 것은 긍정적인 변화였다.

그러나 이 과정에서 "내 마음을 챙긴다"는 개념이 "내 마음만 챙긴다"는 의미로 변질되기 시작했다. 원래 의미는 자신의 감정을 이해하고 존중하며 타인도 배려하는 균형 있는 태도였다. 변질된 의미는 타인의 감정보다 나의 감정이 우선이고, 불편함을 이유로 공동체 규범까지 거부하는 것이 됐다.

"나는 소중하니까 회사의 규칙을 따를 필요가 없다"는 건데, 솔직히 나도 소중하고 옆에 있는 동료도 소중하다.

진정으로 '나'를 돌보는 것은 타인의 감정을 이해하는 과정까지 포함해야 한다. 이는 마치 자본주의가 '건강한 경쟁'을 유지하지 못하면 '천민자본주의'로 변질되는 것과 같은 원리다.

## 과거 방식이 틀렸다는 프레임

많은 기업이 수평적 조직문화, 역할 중심의 업무 구조, 연공서열 파괴, 자유로운 의사 표현 등을 강조하고 있다. 특히 IT 기업에서는 업무 속도와 창의성이 중요한 환경에서 효과적인 방식이다.

그러나 이러한 변화가 반드시 '과거 방식이 잘못되었기 때문'이라는 논리로 연결될 필요는 없다.

미국 IT 기업들이 수평적 조직문화를 강조하는 반면, 미국의 투자 은행이나 컨설팅 회사들은 여전히 하향식 의사결정, 수직적 조직문화, 직급 중심 구조를 유지하고 있다. 구시대적이라서 그런 것이 아니라, 업종과 환경에서 더 적합한 방식이기 때문이다. 골드만삭스가 수평적 조직문화를 안 하는 건 몰라서가 아니다.

이와 유사한 예로 중국의 문화 대혁명을 들 수 있다. 문화 대혁명을 거치며 기존 가치관이 급격히 붕괴됐고, 개인의 자유는 확대되었지만 전통적인 윤리와 도덕 체계도 흔들렸다. 변화는 필요하지만 기존 가치관을 무조건 부정하는 것은 위험하다.

## 다양성 속에서의 혼란

저성장 시대가 도래하면서 과거에는 성실한 노동을 통해 성취를 이루는 것이 당연한 가치였지만, 이제는 부 자체가 성공의 척도로 여겨지는 경향이 강해지고 있다. 코인, 부동산 청약, 유튜브 인플루언서, SNS 광고 등 손쉽게 돈을 벌 수 있는 방법들이 주목받고 있다.

이 흐름 속에서 사람들은 자신만의 중심축을 지키면서 다양한 가치들 속에서 고민하는 것이 아니라, 오히려 그 중심축마저 흔들리거나 무너지는 경험을 하고 있다. 다양한 가치를 인정하는 것이 '다양성'이라면, 그 다양성 속에서 자신의 신념과 가치마저 잃어버리는 것이 '아노미'다.

## 'The Right'의 영역이 사라지고 있다

과거에는 사회가 공통적으로 '맞다'고 인정하는 가치가 분명히 존재했다. 이제는 'The Right(올바름)'보다 'The Major(다수가 선택한 것)'를 따르게 된다. The Right를 택하려면 올곧은 신념과 강한 의지가 필요하지만, 사회적 기준이 흔들리는 가운데 '다수가 선택한 것'을 따르는 것이 더 쉽다.

한두 사람이 자신의 가치를 포기하기 시작하면서 'The Major'가 대세가 되고 사회적 기준이 변화한다. 다수가 하니까 나도 하는 건데, 그 다수도 사실 다수가 하니까 한 거다.

## 사내 규칙과 정책에 대한 인식 변화

이제는 많은 기업들이 불필요한 규율을 없애고 핵심적인 부분만 남기는 방향으로 개선하고 있다. 개성을 억압하는 것이 아니라 함께 일하기 위한 최소한의 약속을 만드는 것이다.

하지만 핵 개인화가 심화되면서 최소한의 약속조차 개인의 자유를 침해하는 것으로 인식하는 경우가 늘어나고 있다. "전날 야근을 했으니 당연히 늦게 출근해도 된다", 나아가 "회사가 개인에게 맞춰야 하는 것 아니냐"는 주장도 나온다. 10시 출근도 힘들다는 건데, 그러면 몇 시에 출근해야 안 힘든 건지 모르겠다.

조직이 유지되기 위해서는 일정 수준의 예측 가능성이 필요하다. "내가 편한 방식"이 곧 "조직에 적합한 방식"이 아닐 수도 있다.

## HR 담당자들의 고민

핵 개인화 시대에서 HR 담당자들이 가장 난감한 부분은, 너무나도 당연했던 조직 운영 원칙조차 논리적으로 설명해야 하는 상황이 많아지고 있다는 점이다.

과거에는 기본적인 조직문화와 규범이 '상식'으로 작용했다. 지금은 각자의 가치관과 세계관이 개별적으로 구축되면서, 같은 회사 내에서도 규범을 받아들이는 방식이 다르다. "왜 회의 시간에 맞춰 와야 하나요?"라는 질문을 받으면 잠깐 멈칫하게 된다.

"이게 맞으니까 따라야 해"라는 방식은 더 이상 통하지 않는다. 타인의 세계를 이해하고 그 세계관 속에서 설명하는 방식이 필요하다. 자율성을 보장하되 결과에 대한 책임을 명확히 하고, 필수적인 규칙과 유연성이 필요한 영역을 구분하고, 성과와 퍼포먼스를 기준으로 평가하고, 조직의 정체성과 핵심 가치를 유지해야 한다.

개인의 가치관은 존중해야 하지만, 회사는 '일하는 곳'이다. 조직이 영리활동을 하고 급여를 지급하는 '비즈니스 공간'이라는 본질은 변하지 않는다.

## 공동체의 가치는 어떻게 변해야 할까

"개인주의가 성숙했다"고 평가하는 미국과 유럽을 보자. 개개인의 자유와 인권을 굉장히 중시하지만, 아이러니하게도 사회 속에서는 강한 상식과 질서가 존재한다. 시민의식이라고 부르는 것이다.

개인의 자유를 중요하게 여기면서도 공동체를 유지하는 기본적인 룰을 철저히 지킨다. 약자를 배려하는 문화가 당연하게 자리 잡고 있으며, 엄격한 비즈니스 매너가 요구되고, 드레스 코드가 있는 식당들도 여전히 존재한다. 서구 사회에서 개인주의는 오히려 강한 계약 문화와 연결된다. 모든 합의는 '의무'가 된다.

글로벌 기업들을 보면, 개인주의 문화가 강한 곳일수록 회사 정책은 의외로 더 엄격하며 규칙도 명확하다. 사소한 부분에서는 자유를 주지만, 반드시 지켜야 할 규칙에는 타협이 없다.

핵 개인화가 사회 공동체 자체를 부정하고 해체하는 방향으로 가기 시작한다면, 이것은 단순한 시대 변화가 아니라 사회 붕괴의 전조가 될 수도 있다.

시대가 바뀌어도, 공존을 위한 최소한의 원칙은 변하지 않는다. 개인의 자유와 조직의 원칙, 그 사이 어딘가에서 균형을 찾는 것이 HR의 일이다.

# 이번 한 번만 봐주면 안 돼요?

## "일단 한 번 얘기해 보는" 사회

한국 사회엔 유독 자주 쓰이는 말이 있다. "일단 한 번 질러보자." "안 되는 건 알지만 혹시 모르잖아." "한 번만 봐주면 안 될까요?"

이건 단순한 말버릇이 아니다. 사회 전반에 뿌리내린 정서 중심의 작동 방식이다. 제도가 있어도, 원칙이 있어도, '정'과 '관계'라는 감정적 요소가 그 위에 존재하고, 사람들은 그것이 제도를 이길 수 있다고 믿는다.

카페가 마감 직전인데 "주문 한 잔만 더 가능할까요?" 병원 접수가 끝났는데 "아픈 아이 데리고 왔어요, 한 번만 부탁드립니다." 요청하는 사람은 당연히 받아줘야 한다고 여기고, 거절하는 입장은 죄책감을 느끼게 만든다. 거절하면 나쁜 사람이 되는 구조다.

공공 영역에서도 마찬가지다. 음주단속에 걸리면 "이번 한 번만 눈 감아주세요"가 반사적으로 나온다. 음주 운전인데 봐달라는 게 말이 되나 싶지만, 실제로 그런 요청이 나온다.

기준은 있지만, 사람은 그걸 넘을 수 있다고 믿는 문화. 이건 회사, 조직 안에서도 정확히 똑같이 반복된다.

**절차가 있어도, 일단 HR에. 그래도 안 되면 대표에게**

회사의 인사제도, 절차, 기준은 문서로 공지된다. 하지만 많은 구성원은 그것을 '기준'으로 여기지 않는다. '기준'은 있어도, 나는 '예외'일 수 있다는 전제가 작동한다.

"규정은 알지만, 제 상황은 좀 특별해서요."
"다른 사람은 몰라도 저는 그 기준에 꼭 맞추긴 좀 애매하지 않나요?"

HR이 원칙을 설명하면 구성원은 정서와 감정을 들고나온다. "그래도 그동안 제가 얼마나 기여했는지 아시잖아요." "회사가 정이 없다는 말, 왜 나오는지 아세요?"
그다음 단계는 더 복잡하다. HR에서 거절당하면 대표나 임원을 직접 찾는다. HR을 우회해서 직접 라인을 타는 거다. 그리고 종종 실제로 바뀐다. 대표가 "그래, 이번은 그냥 넘어가자"고 말하면, 조직 내 기준은 그 순간 무너진다.

더 심각한 문제는 그 뒤에 있다. HR에게 예외 처리를 '정리해달라'는 요청이 들어온다. "대표님 승인으로 간 거니까 정책 외 적용으로 정리해 주시고요." "전례는 아니라는 점 문서에 명시해 주시면 될 것 같아요."

이제 HR은 공식 정책을 운영하면서 동시에 감정 기반 예외 항목까지 다뤄야 하는 이중 구조에 놓인다. 정책 담당자가 아니라 예외 정리 담당자가 되는 순간이다.

**예외는 전례가 되고, 전례는 기준이 된다**

대표가 누군가의 요청을 받아주는 건 어려운 일이 아니다. "이번만 예외로 인정하고 넘어가면 되는 거지." 하지만 HR의 시선은 다르다. 그 '이번 한 번'이 조직 안에 어떤 파문을 일으킬지, 누군가는 반드시 예측해야 한다.

어떤 구성원이 대표에게 직접 요청해 연봉 예외 인상을 승인받았다고 하자. HR은 기존 연봉 데이터를 수정해야 하고, 그 예외 인상률은 다음 해 데이터에도 그대로 남는다. 얼마 지나지 않아 또 다른 구성원이 비슷한 성과를 내며 묻는다. "지난해 ㅇㅇ님 사례 보면 저도 더 받아야 하지 않나요?" 예외는 전례가 되고, 전례는 곧 기준이 된다.

더 심각한 상황은 HR에게 예외를 '기록'하라는 요청이 들어올 때다. "규정엔 없지만 대표 결정이니 적용해 달라는 겁니다." HR은 하나의 공식 정책을 운영하는 동시에, 공식 문서에 명시되지 않은 '그림자 제도'를 별도로 관리하게 된다. 정책은 하나인데 운영은 두 개인 셈이다.

이런 구조는 "결국 중요한 건 기준이 아니라 대표의 판단이다"라는 메시지를 학습하게 만든다. 구성원들은 '정해진 루트'가 아니라 '통하는 루트'를 찾기 시작한다. 실력이 아니라 협상력이 보상을 결정하는 구조다.

회사 내부에서 감정 기반의 요청이 가장 자주 발생하는 영역은 근태, 평가, 보상이다. 모두 객관적 기준과 절차가 존재하지만, 개인의 사정이 많고 감정 개입이 쉬운 분야다.

근태에서는 "어제 야근했어요, 반영 안 되나요?"가 자연스럽게 나온다. 평가에서는 "이 평가 너무 가혹해요, 수정은 안 되나요?"가 들어온다. 보상에서는 "이번에 제가 이끌었던 프로젝트 진짜 힘들었어요, 이 정도 인상률은 너무한 거 아닌가요?"가 개입된다.

이 모든 요청의 공통점은 규정을 몰라서 생기는 것이 아니라는 점이다. 자신의 상황과 감정이 기준보다 더 특별하다고 느끼고, 그 요구가 받아들여질 가능성이 있다고 믿는다. 이전에 그런 예외가 실제로 허용되는 것을 이미 보았기 때문이다.

## 예외가 만드는 감정의 부채

예외는 단기적으로는 쉬운 선택처럼 보인다. 누군가의 상황을 배려해 주는 따뜻한 결정처럼 느껴진다. 하지만 장기적으로 보면 조직 입장에서 가장 비싼 선택이 된다.

정책 신뢰가 붕괴된다. 한 명에게 허용된 예외는 그 사람만의 일이 아니다. "그 사람은 됐는데, 나는 왜 안 되는가?" 제도는 모두를 위한 기준이 아니라 누군가에게만 적용되는 장식으로 전락한다.

내부 갈등이 유발된다. 누군가가 감정적으로 예외를 받아내면 심리적 거리감이 생긴다. "왜 저 사람만 대우받는 거죠?" 조용히 규정 지키는 사람이 바보가 되는 구조다.

HR 기능이 약화된다. 예외가 반복되면 사람들은 HR에게 정책을 묻지 않는다. 대신 라인을 타거나 대표에게 직접 이야기한다. HR은 정책 설계자에서 후처리 담당으로 밀려난다.

대표의 판별 기준도 흐려진다. 감정 호소에 흔들리는 상황이 반복되면, 대표 스스로 기준을 무력화시키는 결정을 누적하게 된다. 처음엔 "이번만 예외로"였지만, 나중에는 누가 더 가까운가가 판단 기준이 되어버린다.

재정립 비용이 증가한다. 한 번 허용한 예외를 되돌리는 것은 처음부터 원칙을 지키는 것보다 훨씬 어렵다. "작년엔 인정하셨잖아요"라는 말이 나오기 시작하면, 더 이상 기준은 기준이 아니다.
결국 예외는 '잘 챙긴 선택'이 아니라 '크게 갚아야 할 빚'이 된다.

## HR의 역할은 '거절'이 아니라 '경계' 설정이다

HR은 누군가를 단호히 거절하는 사람이 아니다. 감정을 고려하면서도 조직의 일관성을 지켜내는 선을 긋는 사람이다.

"이번은 듣겠지만 다음은 어렵습니다."

"이걸 허용하면 다음에도 같은 요청이 들어올 수 있습니다."

"지금 이 선이 무너지면, 전체 정책의 신뢰가 흔들립니다."

이런 메시지를 구성원에게, 리더에게, 그리고 대표에게도 명확하면서도 부드럽게 전달하는 것이 HR의 진짜 전문성이다. 나쁜 사람 되기 싫어서 다 들어주면, 결국 조직 전체가 나빠진다.

그리고 무엇보다 중요한 것은 이 경계를 HR 혼자 세울 수 없다는 점이다. 경계는 HR의 몫이 아니라 대표와 함께 지켜야 하는 조직의 약속이다. 대표가 감정적인 예외를 반복적으로 수용하는 순간, HR은 더 이상 기준을 지킬 수 없다.

사람은 누구나 사정이 있다. 절실한 순간이 있고, 이해받고 싶은 감정이 있다. 그래서 우리는 "이번 한 번쯤은…"이라는 생각에 흔들린다. 하지만 조직은 그 사정을 감당하는 방식으로 운영되지 않는다. '정'으로 이어진 관계는 남을지 몰라도, 제도 위에 감정이 올라서는 순간 기준은 사라지고 신뢰는 무너진다.

'이번 한 번'이라는 유연함은 당장은 누군가의 마음을 덜 흔들리게 만들 수 있다. 그러나 그 순간이 조직 전체에게 보내는 메시지를

무시할 수 없다. 우리는 그 한 번을 허용함으로써 모두가 지켜보는

자리에서, 기준은 무너질 수도 있다는 신호를 보낸 것이다.

# HR 이슈 해결 Tip : 설득하지 마라

최근 조직문화 세미나에서 이런 질문을 받았다.

"좋은 퇴사란 무엇일까요?"

나는 이렇게 답했다. "좋은 퇴사는 없다."

퇴사는 그저 내가 동의했느냐, 하지 않았느냐의 차이일 뿐이다. 자발적이냐 비자발적이냐, 집단적이냐 개인적이냐 정도의 구분만 있을 뿐, 퇴사 자체에 '좋음'이라는 이름을 붙이는 것은 현실과 맞지 않는다.

사람들은 흔히 '좋은 퇴사'를 상상한다. 서로가 상처받지 않고, 마지막까지 납득하며, 깔끔하게 정리되는 장면 말이다. 언론 기사에서 이상적으로 포장된 퇴사 스토리나, HR 교과서 속 원론적인 절차들을 떠올리며 그것이 현실에서도 가능하리라 믿는다. 그러나 실제 현장은 훨씬 복잡하다. 당사자와 회사가 가진 사정은 언제나 엇갈리고, 그 간극은 쉽게 메워지지 않는다. 누군가에겐 억울함으로 남고, 또 다른 누군가에겐 불편한 기억으로 각인된다.

굳이 좋은 퇴사라는 게 있다면, 그것은 '나쁘지 않은 퇴사' 정도다. 완벽한 합의나 화려한 마무리를 기대하기보다는, 최소한 더 나쁘지 않은 상태에서 멈추는 것. 그 조건은 단 두 가지뿐이다.

있는 그대로 솔직하게 말하는 것. 그리고 설득하지 않고 전달에서 멈추는 것.

이 두 가지가 퇴사의 마지막 장면에서 불필요한 상처를 줄이고, 남아 있는 관계의 가능성을 열어두는 최소한의 길이다. 그리고 이건 퇴사에만 해당하는 얘기가 아니다. 평가, 보상, 승진, 배치. HR의 모든 장면에서 똑같이 적용된다.

**납득은 애초에 불가능하다**

HR 갈등의 본질을 이해하려면 먼저 '납득'이라는 단어의 허구성을 봐야 한다.

사회는 법과 제도를 통해 질서를 유지한다. 그러나 법조차도 절대적이지 않다. 같은 판결문을 보고도 어떤 이는 정의라고 하고, 다른 이는 부당하다고 한다. 그렇기 때문에 항소와 상고가 있는 것이다.

사회가 유지되는 힘은 완벽한 납득이 아니라 불완전하지만 합의된 질서다. 모두가 마음으로 동의한다는 전제 위에 서 있지 않다. 오히려 모두가 불편하더라도 최소한 받아들일 수 있는 선을 만드는 장치다.

HR도 마찬가지다. 회사는 규정과 프로세스를 따랐다고 말하고, 구성원은 자신의 맥락과 사정을 근거로 반박한다. 어느 쪽도 완전히 틀리지 않다. 문제는 여기서 양쪽이 서로를 끝내 '설득'하려 들 때 갈등이 깊어진다는 점이다. 절차적 판단은 곧바로 자존심과 감정의 전쟁으로 바뀌고, 그 순간부터는 더 이상 규정의 문제가 아니라 서로의 존재를 부정하는 싸움이 된다.

겉으로 보면 설득은 배려처럼 보인다. 회사가 왜 이런 판단을 내렸는지 설명하고, 상대가 이해하도록 돕는 과정처럼 보인다. 하지만 현실에서 사람의 마음은 설명만으로 쉽게 바뀌지 않는다. 납득은 언제나 상대방이 스스로 결정하는 몫이다.

HR이 굳이 설득을 시작하는 순간, 설명은 압박으로 변질된다. 고개를 끄덕여도 그것은 진심의 동의가 아니라 체념일 수 있다. 그리고 그 체념은 시간이 지나 불신으로, 불신은 다시 갈등으로 되돌아온다.

## 절차적 동의와 내적 동의는 다르다

그렇다면 회사와 HR은 왜 끝까지 설득을 시도할까. 여기에는 '동의'라는 단어에 대한 착각이 자리 잡고 있다.

HR의 규정들을 보면 종종 '당사자의 동의'가 필요하다는 문구가 나온다. 그런데 이 동의를 심리적 수용이나 개인적 합의로 확대 해석하는 순간 문제가 발생한다. 사실 이 동의는 사람 간의 마음의 합의가 아니다. 구조와 프로세스에 대한 인정일 뿐이다.

연봉계약서에 사인을 한다고 해서 그 사람이 전적으로 납득하고 만족했다는 의미는 아니다. 그것은 단순히 그 조건을 받아들였다는 절차적 동의다.

그러나 회사와 대표는 여기서 멈추지 않는다. 단순히 제도적 승낙에 그치지 않고, 상대가 내적으로도 "회사가 옳았다"라고 수긍하길 바란다. 이 순간 동의는 절차적 수락이 아니라 내면적 굴복으로 변한다. 회사는 인사권의 정당성을 넘어, 구성원 스스로가 자신의 잘못을 인정하고 회사의 결정을 내적 가치로 받아들이기를 요구한다.

바로 이 지점에서 설득이 시작된다. 절차적 동의를 내적 동의로 확장하려는 무리한 욕망. 제도가 요구하는 건 절차적 동의인데, 회사는 사람의 마음까지 바꾸려 한다. 그 착각이 설득을 낳고, 설득이 갈등을 만든다.

## 설득의 ROI는 최악이다

대표들이 자주 빠지는 함정이 있다. 갈등을 끝까지 밀고 가 자존심의 문제로 끌어들이는 것이다. "내가 옳으니 네가 인정해야 한다"는 태도다.

하지만 이 지점은 ROI 관점에서 보면 최악이다.

실득에 넷 시간을 들여도 상대의 마음은 잘 바뀌지 않는다. 오히려 반발심만 커진다. 그 시간과 에너지는 회사의 전략과 영업, 미래 준비에 투입할 수 있었다. 하지만 설득으로 남는 것은 직원의 체념, 관계의 훼손, 대표의 피로뿐이다.

이 과정은 경영적 ROI가 아니라 자존심 ROI다. 자존심을 지키기 위해 쓴 비용에 비해 얻는 결과는 초라하다. 오히려 조직 전체에는 보이지 않는 비용이 남는다.

설득의 ROI가 낮은 이유는 본질적으로 단순하다. 사람은 스스로 원하지 않는 이상 설득되지 않기 때문이다. 회사의 권한은 제도와 규정의 집행까지만 미친다. 그러나 그 권한을 넘어 타인의 내면을 바꾸려 드는 순간, 합리성은 무너지고 갈등 비용만 불어난다.

그리고 이 비용은 단순히 숫자가 아니다. 신뢰가 무너지고 관계는 단절된다. 남는 것은 "회사가 내 생각까지 바꾸려 했다"는 뿌리 깊은 상처다.

## HR은 설득자가 아니라 전달자다

HR의 권한은 분명하다. 규정과 프로세스에 따라 판단하고, 그 결과를 책임 있게 전달하는 것.

여기서 말하는 전달은 단순히 말만 옮기는 메신저의 행위가 아니다. 조직이 합의한 구조와 절차를 사회적 언어로 번역해 내고, 혼란 속에서도 질서를 유지하게 만드는 질서의 전달이다.

많은 HR이 빠지는 함정은 결과를 부드럽게 포장하거나, 상대가 끝내 고개를 끄덕일 때까지 설득하려는 태도다. 하지만 설득은 상대의 내면을 바꾸려는 권력의 행사이고, 그 끝은 불신과 상처로 남는다.

HR이 지켜야 할 태도는 포장도, 설득도 아닌, 왜곡 없는 결과를 명확하고 존중 있게 전달하는 것이다.

사람에 대한 존중이란, 단순히 상대가 회사를 인정하길 강요하는 데서 오는 것이 아니다. 오히려 진짜 존중은, 상대가 결과를 인정할 수는 있지만 마음속까지 납득하지 않을 자유 또한 존중하는 것에서 나온다. 그것이 구성원을 독립된 주체로 대하는 태도이며, HR이 감정의 전쟁터가 아닌 질서의 수호자로 서야 하는 이유다.

**판단은 내리고, 납득은 남겨둬라**

다시 처음 질문으로 돌아오자.

"좋은 퇴사란 무엇일까요?"

좋은 퇴사는 없다. 그러나 '나쁘지 않은 퇴사'는 가능하다. 평가도, 보상도, 제도 운영의 모든 장면도 마찬가지다.

HR의 역할은 단순하다. 판단은 내리고, 그 결과를 명확하게 전달한다. 납득은 상대의 몫으로 남겨둔다.

설득하지 마라. 설득은 배려가 아니라 압박이다. 설득의 ROI는 최악이다. 그리고 설득으로 얻는 동의는 진심이 아니라 체념이다.
HR은 설득자가 아니다. HR은 질서의 전달자다. 그 태도 하나가 조직의 마지막 장면과 새로운 시작의 장면을 동시에 바꾼다.

# 제5부

# 잘함의 기준 (평가와 보상)

## 평가제도에 정답은 없다

......................................................................

그 회사에 맞는 제도가 제일 좋다.

OKR이라든지 360도 리뷰라든지 상시 피드백이라든지 다 필요 없다. 그냥 그 회사에 맞는 제도가 제일 좋다.

제도 설계를 할 때 고려하는 요소들은 산업 영역, 비즈니스 모델, 경영 목표, 대표의 철학/가치관, 구성원들의 성숙도, 관리자들의 성숙도, 조직구조, 권한 위임 정도, 과거 운영 히스토리 등 다양하다. HR제도/시스템이란 철학이자 헤게모니이기 때문이다. 조직 그 자체를 생명체처럼 이해해야만 한다.

그래서 항상 평가제도 자체에 너무 몰두하지 말라고 한다. 구성원 입장에서 결국 중요한 건 공정성, 합리성, 수용성이다. 좀 더 쉽게 표현하면 '억울하지 않게 하는 것'이다. 제도가 멋져 봤자 억울하면 끝이다.

회사의 성장은 대표의 그릇을 넘지 못한다는 것과 같이, 제도는 평가 자와 구성원의 성숙도를 넘지 못한다. 아무리 뛰어난 제도가 있어도 평가하는 이가 성숙하지 못하면 고과표보다 못하고, 평가받는 이들의 이해도가 낮으면 어떤 정교한 피드백도 무용지물이다.

**평가제도와 성과관리는 구분되어야 한다**

성과관리란 실제 회사에서 일을 수행하고 진행하는 방식이고, 평가 제도란 그 활동들을 평가하는 것이다. 이 둘이 반드시 병행되어야 하는 것은 아니다.

문제의식의 시작점은 동일하다. '조직의 업무들이 목적에 맞게 잘 수행되고 성과가 잘 나올 수 있게.' 이 말이 모든 것의 핵심이다. 제 도는 그것을 도와주는 도구일 뿐이다. 도구에 집착하면 목적을 잊 는다.

**성과관리의 역사: 왜 이런 제도들이 나왔나**

① 테일러리즘 : 동작 하나까지 분석하던 시대

테일러는 극한의 인간 생산성 분석 전문가였다. 삽을 드는 각도, 허리를 굽히는 정도, 흙을 퍼 올리는 높이까지 다 분석하여 최적의 알고리즘을 형성했다. 이 방법론은 이후 포드의 컨베이어벨트 생산 라인에도 직접적 영향을 미쳤다. 당시 노동이 단순했기에 각 동작이 효율적으로 이루어지면 성과관리가 된 셈이다. 공산품 제조라는 하나의 목표 아래, 성과관리 가능 영역이 제조/생산뿐이었기 때문이다. 동작이 곧 성과였던 시대.

인간을 기계처럼 다루는 것 같아 불편할 수 있다. 실제로 이후 인간관계론 학파가 등장하며 동기부여와 심리적 만족감의 중요성이 부각되기도 했다. 하지만 테일러리즘의 핵심 통찰, '측정할 수 있어야 관리할 수 있다'는 원칙은 이후 등장하는 모든 성과관리 체계의 뿌리에 깔려 있다.

② 고과표 : 일관된 기준으로 줄 세우기

생산 영역 외 다양한 영역에서도 생산성 관리가 필요해지고, 관리자리는 존재가 등장하면서 회사 차원의 일관된 기준에 따라 세팅된 고과표가 등장한다. 업무실적, 수행 능력, 근무태도 등을 종합적으로 평가한 내용이다. "성실하게 근무함", "업무 태도 양호" 같은 표현들이 평가의 주를 이루던 시대. 성과관리 관점이 정교하기보다는 일정한 기준 하에서 체계를 갖추고 열심히 한다는 의미가 강했다. 장점은 전사적으로 동일한 기준을 적용할 수 있고, 관리자의 주관을 어느 정도 통제할 수 있다는 것. 피평가자 입장에서도 "무엇으로 평가받는지"는 최소한 알 수 있었다. 단점은 평가 항목이 추상적이다 보니 실제 성과와 괴리가 생기기 쉽고, 평가자마다 해석이 달라진다. 가장 치명적인 건 형식화다. "그냥 다 보통으로 주자"가 되는 순간 제도는 죽는다. 그리고 한 번 죽은 고과표를 다시 살리기는 거의 불가능하다. 구성원들이 이미 "어차피 형식적인 거"라고 학습해 버렸기 때문이다.

③ MBO (Management By Objectives) : **목표부터 맞추자**

비즈니스 복잡도가 증가하면서 표준화된 고과표로는 현실을 반영하기 어려워졌다. 피터 드러커가 제안한 MBO는 본질로 돌아간 접근이다. 연초에 상사와 부하가 "올해 당신의 목표는 이거다"를 합의하고, 연말에 달성 여부를 평가한다. 과거에는 개인이 열심히만 하면 알아서 조직 목표에 얼라인 되는 형태였는데, MBO는 개인의 목표를 명시적으로 형성해서 조직 목표와 의도적으로 연결시킨 것이다.

장점은 "열심히 하세요"가 아니라 "매출 10억 달성하세요"가 된다는 것. 목표 설정 과정 자체가 상사와 부하 간 기대치 정렬의 장이 되기도 한다. 단점은 목표 설정이 어렵고, 똑똑한 직원일수록 달성 가능한 수준으로 목표를 낮추는 '게임'이 벌어진다. 연중에 환경이 바뀌면 목표가 무의미해지는데 수정이 경직되어 있으면 불만이 생기고, "그건 제 목표에 없는데요?"라는 태도가 나오면 조직이 경직된다.

④ KPI (Key Performance Indicator) : **핵심 지표에 집중하자**

MBO 안에 존재했던 개념이지만 독립적으로도 많이 사용된다. 조직/개인 간 목표를 얼라인하고 나니, 수많은 일 중 진짜 목표에 영향을 크게 주는 게 뭔지 선택과 집중이 필요했다. 영업이라면 매출액과 신규 계약 건수, 마케팅이라면 전환율과 CPA, 개발이라면 배포 횟수나 장애 대응 시간 같은 것들이 KPI가 된다. 목표에 대한 달성 메커니즘이 어느 정도 분석 · 정리되어 있어 KPI들의 조합으로 성과를 측정할 수 있다.

장점은 집중할 수 있다는 것. 숫자가 이야기해 주니 보고와 커뮤니케이션도 단순해진다. 단점은 크게 두 가지다. KPI에 잡히지 않는 중요한 일들, 예를 들어 후배 육성이나 조직문화 기여 같은 것들이 무시된다. 그리고 지표 자체가 목적이 되는 역전 현상이 벌어질 수 있다.

고객 만족도를 높이기 위해 불만 고객의 설문을 빼버리는 식이다. 지표를 달성했는데 정작 비즈니스는 나아지지 않는 아이러니. 지표가 10개면 사실상 지표가 없는 것과 같다.

⑤ BSC (Balanced Scorecard) : 균형 잡힌 시각으로 보자

재무 실적 중심에서 벗어나 네 가지 관점으로 성과를 본다. 재무(매출, 이익), 고객(만족도, 점유율), 내부 프로세스(효율성, 품질), 학습과 성장(직원 역량, 혁신). 이 네 가지가 인과관계로 연결된다는 게 BSC의 핵심이다. 직원 역량이 높아지면 프로세스가 개선되고, 고객 만족이 올라가고, 재무성과로 이어진다는 전략 지도를 그릴 수 있다. 단순히 돈만 벌면 되느냐에 대한 구조적 반론이며, 비재무적 역량도 전략적으로 관리해야 한다는 인식을 확산시켰다.

하지만 네 가지 관점을 다 관리하려면 지표가 폭발적으로 많아지고, 인과관계를 실제로 증명하기도 어렵다. 전략 지도를 만드는 것 자체가 하나의 프로젝트가 되어버리며, 개인 단위까지 내려보내면 난이노가 급격히 올라간다. 대기업이나 공공기관에서 주로 경영관리 차원으로 사용되고, 스타트업에서는 거의 쓰이지 않는다. 배보다 배꼽이 커지기 쉽다.

⑥ OKR (Objectives and Key Results) : 방향만 정하고 가는 길은 알아서

구글에서 유행한 OKR은 사실 평가제도가 아니고 성과관리에 가깝다. 전체 목표 방향성 얼라인을 OKR로 할 뿐, 평가는 "그래서 너 저걸 달성하기 위해서 뭐 했어?"가 본체다. 원류는 인텔의 앤디 그로브로, 연간 단위 MBO로는 반도체 산업의 빠른 기술 변화를 따라갈 수 없어 분기 단위로 목표를 재설정하는 방식이 필요했다. 이후 구글의 존 도어가 이를 체계화하면서 IT 업계 전체로 퍼졌다.

Objective는 "우리가 이루고 싶은 것", Key Results는 "그것을 이뤘다는 걸 어떻게 알 수 있는가"이다. KPI는 "이 지표를 달성하라"이고, KR은 "이 결과를 만들어라, 방법은 네가 알아서"이다. KPI가 과정의 지표라면 KR은 결과의 증거에 가깝다.

장점은 자율성이다. 분기 단위로 재설정할 수 있어 변화가 빠른 환경에서 유연하다. 달성률을 60~70%로 권장해 MBO에서 흔했던 '쉬운 목표 게임'도 구조적으로 방지한다. 단점은 성숙한 구성원이 필요하다는 것이다. 스스로 판단하고 실행할 역량이 없으면 "목표만 있고 실행은 없는" 상태가 된다. 또한 OKR 자체가 평가와 분리되어 있다 보니 "달성 못 하면 어떻게 되는데?"라는 질문에 답이

없으면 구성원들이 진지하게 받아들이지 않는다. 구글이 쓴다고 우리도 OKR 써야 하는 건 아니다.

관리자들 그리고 HR 담당자들은 성과관리를 먼저 생각해야 한다
이 긴 이야기를 쓴 이유는 제도는 결국 문제의식에서 나왔고, 상황/환경에 따라 언제든 바뀔 수 있다는 것이다.

우리 회사에선 어떻게 현실적으로 성과를 관리할 수 있을까? 평가를 해야 한다면 어떤 제도가 현재에 맞을까? 이런 고민을 유기적으로 해야 한다. 멋진 제도보다 작동하는 제도가 낫다.

성과관리/평가에 대한 필요성과 현실적으로 수행하겠다는 메시지 자체는 흔들리면 안 된다. 제도의 디테일이 변경되는 것은 괜찮아도 메시지가 수정되면 그것만큼 회사가 우스워지고 신뢰받지 못하는 것도 없다.

평가제도에 정답은 없다. 중요한 건 그 회사에 맞는가, 구성원들이 억울하지 않은가, 성과관리의 본질에 부합하는가이다.

## 평가제도, 정말 필요한가요?

가장 많이 받는 질문 중 하나다.

"평가 제도가 있으면 자원 배분이나 동기부여가 잘 되나요?"
꽤 난감한 질문처럼 들릴 수 있지만, 나는 이 질문을 가장 건강하고 성숙한 조직이 던질 수 있는 질문이라고 생각한다. 평가제도의 효과를 의심하는 것이 아니라, 본질을 묻고 있기 때문이다.

**평가제도를 묻기 전에, 리뷰 자체의 필요부터 점검하자**
내가 제일 먼저 던지는 반문은 이것이다.

"우리 조직의 구성원들이, 평가 없이도 자신의 성과 수준을 냉정하게 인지하고 있고, 동료들 간에도 인정과 보상 측면에서 억울함 없이 조율되고 있는가?"

대답이 "그렇다"면, 당장은 평가제도가 필요 없을 수도 있다. 하지만 현실은 대부분 "자신은 잘하고 있다"고 느끼는 사람이 대부분이다. 문제는, 그런 자기 인식이 거의 항상 '객관적'이지 않다는 데 있다. 인간은 자기 합리화의 동물이다. 거울 없이는 자기 얼굴을 볼 수 없듯, 객관적 피드백 없이는 스스로를 지나치게 긍정적으로 보게 된다.

특히 빠르게 성장하는 스타트업은 '잘한다'의 기준이 자주 바뀌기 때문에, 각자 기준이 제각각인 상태에서 오해와 억울함이 쉽게 생긴다. 어제의 A급 성과가 오늘은 B급이 되기도 한다.

그리고 HR에서 말하는 '평가'는 반드시 제도화된 것만을 뜻하지 않는다. 리뷰, 피드백, 인정, 성찰, 교정 모두 '평가 행위'의 일종이다. 즉, '어떻게 리뷰할지'를 정한 것이 평가제도이지, '리뷰 자체'는 어떤 형태든 반드시 조직 안에서 일어나야 하는 과정이다.

자주 받는 질문들을 정리하면 이렇다.

- "평가가 꼭 필요할까요?" → 구성원과 조직이 '자기 인식'과 '타인 이해'를 객관화할 장치가 없다면, 필요하다.
- "평가제도가 있으면 모든 문제가 해결될까요?" → 아니다. 오히려 '제도'에 기대하면 본질에서 멀어질 수 있다.

- "갈등이 생기면 평가를 멈춰야 하나요?" → 아니다. 그 갈등이
  야말로 지금 무엇이 보이지 않고 있는지를 말해주는 증거다.

평가는 HR이라는 순환 시스템 안에서 방향을 맞추고, 기준을 공유
하는 엔진이다. 하지만 그 엔진이 다른 파트(채용, 보상, 피드백 등)
와 연결되지 않으면, 그 힘은 조직 전체에 제대로 전달되지 않는다.
엔진만 좋다고 차가 달리는 게 아니다.

**"우린 별 이슈 없었는데요?"라는 착각**
이 말을 듣는 대표님들께 내 대답은 명확하다.
"문제가 없었던 게 아니라, 드러나지 않았을 뿐입니다."

조직이 커지는데도 대표가 모든 상황을 파악하고 있다고 믿는 것,
그게 가장 위험한 착각이다. 메신저나 이메일, 가까운 핵심 인력의
말만으로는 구성원들의 진짜 감정과 욕망은 보이지 않는다. 심지어
익명 설문조차도 표면 정보에 그칠 수 있다. 사람들은 익명이라고
헤도 진짜 속마음을 다 쓰지 않는다.

조직에서 '아무 문제도 없어 보이는 시기'는 여러 가지일 수 있다.
- 잠시 잠잠한 것일 수 있고
- 충돌 직전의 고요함일 수 있고

- 계기만 없었을 뿐인 축적된 불만의 시간일 수도 있다

태풍 전의 고요함이라는 말이 괜히 있는 게 아니다.

역사도 같은 결말을 말한다. 왕실은 정기적으로 민심을 살폈다. 정보관, 보고 체계, 서신, 심지어 비밀 조직도 있었다. 그럼에도 왜 수많은 나라에서 반란은 반복되었을까? 아무리 관리하고 통제해도, 완벽히 알 수는 없다. 조직도 마찬가지다.

**평가가 필요한 조직인지 점검하는 체크리스트**

"평가제도" 이전에 "리뷰 자체"가 필요한지 먼저 확인하자.

| 구분 | 항목 |
|---|---|
| ① 구성원의 자기 인식 상태 | 우리 구성원들은 스스로의 성과 수준을 냉정하게 알고 있다고 느끼는가? |
| | "나는 요즘 일 잘 못하고 있어"라고 말하는 구성원이 실제로 존재하는가? |
| | 구성원 간에 "누가 잘하고 있고, 누가 보완이 필요하다"는 공감대가 형성되어 있는가? |
| | '누가 억울해 한다'는 이야기가 수면 위로 올라온 적이 있다 |
| | 업무 기여에 대한 인정과 보상에 대해 구성원 스스로 납득하고 있다고 보는가? |

| ② 리더의<br>피드백<br>역량 및<br>일상 리뷰<br>여부 | 구성원은 본인이 어떤 점에서 잘하고 있고, 어떤 점을 개선해야 할지 '정기적으로' 듣고 있는가? |
| | 리더(팀장/매니저)는 피드백을 구조화해서 전달할 수 있는 역량을 갖추고 있는가? |
| | 피드백을 할 때, 감정 전달이 아니라 기준/근거 기반의 언어를 쓰고 있는가? |
| | 리뷰나 피드백을 받는 구성원이 '수용'하고 실제로 행동 변화를 보이는가? |
| | 팀장 간 피드백/평가 기준의 편차가 크지 않다고 생각하는가? |
| ③ 조직의<br>소통 및<br>갈등 신호 | 최근 3개월 내 '불만', '억울함', '왜곡된 정보 전달'로 인한 조직 내 갈등이 있었다 |
| | 리더십이나 HR이 구성원의 진짜 상태(불만, 번아웃, 단절 등)를 명확히 파악하고 있다고 보는가? |
| | 특정 인력에 대한 평가/보상/기대 수준이 지나치게 흐릿하거나 방치된 상태다 |
| | 대표나 핵심 리더는 "문제 없어요"라고 말하지만, HR은 다르게 느낀다 |

결과 해석은 다음과 같다.

• No가 7개 이하: 구성원 인식 · 피드백 체계가 일정 수준 이상 작동 중. 리뷰 필요성은 중간 수준이나, 확대해도 수용 가능성이 있음

• No가 8~12개: 평가제도는 필요하나, 도입보단 피드백 역량 강

화와 신뢰 회복이 선행되어야 함

- No가 13개 이상: 이미 조직 내 인식·기준·방향이 어그러진 상태. '제도' 도입보다 '관계 정비와 신뢰 회복'부터가 우선 과제. 제도를 먼저 넣으면 오히려 불만만 커진다

## 평가는 제도가 아니라 대화다

평가제도가 필요한지 묻는 질문의 본질은 사실 이것이다. "우리 조직에서 성과에 대한 솔직한 대화가 이루어지고 있는가?"

제도는 그 대화를 구조화하는 도구일 뿐이다. 대화 없이 제도만 도입하면, 숫자만 오가는 형식적 절차가 된다. 반대로 대화가 잘 이루어지는 조직은 제도가 없어도 리뷰가 작동한다.

결국 평가제도의 필요성은 "우리 조직이 지금 어떤 상태인가"에 달려 있다. 체크리스트로 점검해 보고, 제도보다 대화가 먼저인지, 대화를 구조화할 제도가 필요한 시점인지 판단하면 된다. 순서가 중요하다.

# 리더에게 평가권을 줘도 될까요?

## HR 제도는 생각보다 무겁다

HR 제도는 단순히 행정의 영역이 아니다. 보상, 평가, 채용, 인력 운영, 상벌 등 구성원의 생애 전반을 관통하기에, 한 번 도입된 제도를 수정하는 일은 결코 쉽지 않다.

대기업은 수만 명에게 영향을 미치고 고정된 체계와 법적 제약이 존재한다. 스타트업은 다르다. 구성원 수가 적고, 제도가 비교적 단순하며, 제도적 실험이 가능하다. 다만 아무리 유연해도 HR 제도에는 명확한 '철학과 원칙'이 존재해야 한다. 이 철학이 일관되지 않으면 구성원들은 혼란을 느끼고 신뢰를 잃는다.

처음엔 '안정성'을 약속했다가 갑자기 '성과주의'를 도입한다면? 그건 제도의 실패가 아니라 신뢰의 실패다. 사람들은 제도가 바뀌는 것보다 약속이 바뀌는 것에 더 분노한다.

## 제도는 '완성형'이 아니라 '진화형'

HR 제도는 처음부터 완성된 1.0을 만들기보다, 0.7부터 시작해 점진적으로 진화시키는 것이 바람직하다. 핵심 철학과 구조는 갖추되, 세부 운영은 실험적으로 시작하고 구성원 반응과 운영 이슈를 반영해 개선한다.

단, 철학은 변하지 않아야 하며 개선을 위한 명확한 근거가 있어야 한다. 그리고 무엇보다 '겸손'이 필요하다. 수십 년간 HR을 해왔더라도 새로운 사람은 항상 예측할 수 없고, 기존 구성원도 계속 변화한다. 제도는 철저하게 설계하되, 사람에 대해서는 여백을 남겨두어야 한다.

이 전제가 깔려 있어야 평가권의 범위도 설계할 수 있다.

| 조직 성숙도 | 평가권 부여 범위 |
| --- | --- |
| 제도 성숙도 낮음 | 리더/임원 등 상위 계층에 집중 |

| 제도 구조화 + 기준 명확 +<br>교육 보완됨 | 팀장, 실무 리더까지 단계적 확장 |
| 철학과 원칙이 내재화된 조직<br>문화 형성 | 동료평가 · 셀프리뷰 등 분산 구조<br>가능 |

## 리더에게 부여되는 인사권의 범주

회사가 리더에게 부여하는 인사 관련 권한은 보통 세 가지다.

인력운영권. 채용, 조직 구성, R&R 설정 등 팀 전체의 인력 운영 관련 권한이다. 다만 채용 TO는 조직 운영 계획과 재무적 기준과 함께 판단되어야 한다.

평가권. 구성원에 대한 공식적 피드백과 평가를 내릴 수 있는 권한이다. 360도 리뷰가 병행되더라도 공식 평가권은 리더에게 주어져야 책임과 권한의 균형이 맞는다.

보상권. HR이 주도하지만, 평가 · 인건비 · 성과계획과 연계된 범위 내에서 리더에게 제한적으로 위임하는 경우도 있다.

평가의 본질은 점수 매기기가 아니라 성과관리이며, 리더십 위임 구조의 핵심이다. 조직이 커지면 대표가 모든 구성원을 직접 관리할 수 없고, 그 역할을 리더에게 위임하면서 성과 책임도 함께 이동한다. 권한 없는 책임은 억울하고, 책임 없는 권한은 위험하다.

## 여담 : "성과만 증명하면 권한 줄게"의 함정

대표가 리더에게 "성과만 증명하면 채용과 보상권을 줄게"라는 약속을 하는 장면을 자주 본다. 여기엔 중요한 오해가 있다. 개인의 성과와 조직의 성과는 다르며, 조직 성과는 리더 한 사람의 노력만으로는 달성하기 어렵다.

경험 많은 리더는 먼저 조건을 명확히 묻는다. "어떤 자원이 주어지나요?", "어떤 기준으로 성과를 판단하나요?" 이것이 오히려 합리적인 접근이다. 맨손으로 성 쌓으라는 건 무리다.

## 리더의 성숙도

권한 부여보다 더 중요한 건 '성숙도'다. 리더의 미성숙은 단순한 인성 문제가 아니라, 평가와 리뷰에 대한 지식·경험 부족, 사람을 다루는 감각의 미흡에서 비롯된다.

미숙한 리더들은 종종 HR에게 평가를 전적으로 위임하려 한다. 하지만 실제 성과와 조직 흐름에 대한 현장 감각은 리더만이 가질 수 있다. 평가는 HR이 대신 해주는 게 아니다.

| 항목 | 설명 |
| --- | --- |
| 조직 성과 우선 사고 | 개인 성과보다 조직 성과를 더 중시하는 관점 |
| 구성원 존중 기반 리더십 | 이해, 커뮤니케이션, 신뢰에 기반한 관계 형성 (수평적 태도와는 구분됨) |
| 결과 중심적 사고 | 행동 자체보다 결과와 구성원의 수용도까지 고려하는 평가 |
| 전략적 시야 | 조직 성과를 위한 전략, 실행 계획, 인력운영 설계 역량 |
| 유연함과 적응력 | 환경 변화에 맞춰 사고방식이나 실행을 유연하게 조정할 수 있는 능력 |
| 권력과 권위의 구분 | 조직 장악은 가능하되, 권위가 아닌 권력 남용으로 이어지지 않도록 제어 |
| 공사 구분 | 일과 사를 명확히 구분하고, 업무 영역을 분명하게 설정함 |
| 지속가능성 중심 운영 | 단기 성과가 아닌, 조직의 장기 생존과 발전까지 고려하는 관점 |

아무리 리더 본인이 "내 팀은 내가 평가해야 한다"고 주장하더라

도, 성숙도가 부족하면 평가권은 부여해서는 안 된다. 한 번 잘못된 평가가 퇴사, 불신, 내부 정치로 이어지는 사례는 셀 수 없이 많다. 한 번의 잘못된 평가가 열 번의 좋은 피드백을 무력화시킨다.

반면, 잠재력 있는 리더라면 평가권은 보류하되 성숙도를 키울 수 있는 환경과 피드백은 반드시 제공해야 한다.

### 평가권, 일괄이 아닌 단계적 고도화로

평가권은 리더십 위임의 핵심이자 조직 운영의 본질적 신뢰 구조다. 제도의 성숙도와 리더 개인의 성숙도를 종합 고려해 단계적으로 부여해야 한다.

| 버전 | 적용 범위 | 주요 전략 |
| --- | --- | --- |
| 0.8 ver | 일부 조직 / 준비된 리더 | 제한적 부여로 시범 운영 → 모니터링 |
| 0.9 ver | 추가 조직 확대 | 피드백 반영, 세부 보완 후 확대 |
| 1.0 ver | 전 조직 일반화 | 제도 정착 후 공식화 및 고도화 |

0.8 → 0.9 과정에서 부작용이 클 경우, C레벨 선에서 평가권을 회

수할 수도 있다. 단, 리더의 역할·책임 체계도 함께 재조정되어야
한다.

권한은 각 조직에 분산되어야 하지만, 공통의 기준과 공유된 원칙
위에서만 효과적으로 작동한다.

평가권은 주는 것이 아니라, 준비된 사람에게 맡기는 것이다. 그 차
이를 아는 조직이 건강한 평가 문화를 만든다.

# 야근하면 성과가 오를까요?

## 대표들의 공통 고민

"어떻게 하면 직원들이 더 오래, 더 집중해서 일하게 할 수 있을까?"

이 질문은 거의 모든 대표가 한 번쯤 고민하는 문제다. 하지만 직원들에게 직접 묻기에는 민감한 주제다. "어떻게 하면 더 오래 일할 수 있겠어?"라고 물어보는 순간, 자칫하면 대표가 "나쁜 사람"처럼 보일 수도 있기 때문이다.

그런데 흥미로운 점은, 이런 고민이 특정 시점에서 집중적으로 발생한다는 것이다. 대체로 시리즈 A~B 단계, 즉 구성원이 100명을 넘어서고 시니어 리더들이 합류하는 시점에서 본격적으로 이런 고민이 터져 나온다.

## 왜 이 시점에서 몰입도 고민이 커질까?

창업 초기에는 대표와 초기 멤버들이 모두 주말과 공휴일도 없이, 밤늦게까지 일하며 회사를 키워왔다. 이때는 회사의 성공이 곧 내 성공이라는 생각이 강했기 때문에, 몰입도와 근무 시간에 대한 이슈가 거의 없었다.

회사가 성장하면서 우수한 인재들이 합류하고, 보상 수준이 높아지고, 조직이 체계화되면서 이전과 같은 몰입의 형태는 자연스럽게 변화한다. 회사가 성장하는 동안에는 근로 시간이나 몰입도의 변화가 크게 문제 되지 않는다. "어차피 사업이 잘되고 있으니까!"

하지만 성장세가 둔화되거나 손익이 악화되면? 대표의 시선은 직원들의 근무태도로 향하게 된다.

"왜 예전처럼 열정적으로 야근을 하지 않지?"

즉, 사업이 잘될 때는 문제가 되지 않다가, 어려워지면 몰입도의 차이가 문제로 떠오른다. 이때 대표는 이런 생각을 하게 된다.

"초기처럼 다들 열정적으로 야근하고 주말 근무를 하면, 성장세를 회복할 수 있지 않을까?"

이 생각이 완전히 틀린 것은 아니다. 실제로 초기보다 구성원들의 몰입도가 낮아졌을 수도 있고, 업무 태도가 느슨해진 것도 사실일 수 있다. 하지만 단순히 근로 시간만으로 몰입도를 판단하는 것은 대표 중심적인 오류일 가능성이 크다.

## 과거와의 비교는 의미가 없다

현재의 회사는 과거와는 완전히 다른 조직이다. 매출과 인원 규모뿐만 아니라 사업의 영향력, 복잡성, 경쟁 환경, 그리고 고려해야 할 요소들까지 모든 것이 변했다.

초기 스타트업 시절에는 구조가 단순했다. "열심히 일하면 성과가 나는" 1차 함수 같은 환경이었고, 주요 변수도 1~2개 수준이라 직접 관리가 가능했다. 구성원들의 업무 범위가 넓고, 빠른 실행력이 곧 경쟁력이던 시절이다.

하지만 성장기에 접어든 지금은 완전히 다르다. 상품, 시장, 고객 등 다양한 요소가 동시에 확장되면서 구조가 복잡해졌다. 변수가 5~6개 이상으로 늘어나 마치 3차 함수처럼 요소들이 서로 얽혀 있는 환경이 되었고, 모든 변수를 한 사람이 관리하는 것은 불가능해졌다. 위임과 협업이 필수인 조직이 된 것이다.

회사가 성장할수록 변수를 통제하는 것이 점점 어려워지고 각 요소들이 서로 얽혀 있어, 개별 조정만으로는 최적의 결과를 내기 어려워진다. 이러한 상황에서 단순히 근로 시간을 늘리는 것이 성과 향상으로 직결될 것이라 기대하는 것은 위험한 접근이다.

단순한 근로 시간 증대가 가져올 수 있는 부작용도 분명하다. 단순히 더 오래 일한다고 성과가 오르는 것이 아니라 오히려 투입 대비 효율이 저하된다. 장기적으로는 임금 상승 압박, 인재 유출, 채용 경쟁력 약화 같은 부작용이 뒤따른다. 무엇보다 현재의 회사는 분업과 협업을 통해 운영되는 조직인데, 과거처럼 한 사람이 모든 역할을 수행하는 방식으로 되돌리려는 시도 자체가 조직구조의 변화를 무시하는 것이다.

과거의 방식이 항상 최적이었던 것은 아니다. 초기에는 프로세스와 구조가 부족한 상태에서 단순한 근로 시간 증가만으로 가시적인 성과를 냈을 수 있다. 하지만 그것이 지금도 최선의 방식인지는 다시 고민해야 한다. 과거에 통했던 방식이 지금도 통할 거라는 생각, 그게 가장 위험한 착각이다.

## 초등학교 축구 vs 프로 축구

이를 축구에 비유하면 이해가 쉽다.

초등학교 축구에서는 체력과 열정이 핵심 평가 기준이다. 열심히 뛰면 잘하는 것이고, 경기 자체가 개인플레이 중심으로 돌아간다. 체력 좋고 열심히 뛰는 아이가 에이스다.

하지만 프로 축구에서 "열심히 뛴다"는 건 기본 중의 기본이다. 프로의 세계에서는 기술, 전술 이해도, 경기 운영 능력이 핵심이고, 단순한 노력만으로는 절대 부족하다. 조직적이고 체계적인 경기 운영이 뒷받침되어야 하며, 전술 이해도, 포지셔닝, 팀플레이가 없으면 아무리 뛰어봤자 경기에서 이길 수 없다.

조직도 마찬가지다. 초기에는 열심히 일하는 것만으로 성과가 났지만, 조직이 커지면 그것만으로는 부족하다. 조직이 성장할수록 단순한 투입이 아닌, 결과 중심의 사고방식으로 변화해야 한다.

## 근로 시간과 몰입의 관계는 단계에 따라 달라진다

조직이 작고 체계가 없는 초기 단계에서는 소수 인원이 다수의 역할을 수행하고, 빠른 실행력이 생존의 핵심이다. 이 시기에는 근로 시간과 성과가 비례 관계에 있다. 많이 일할수록 성과가 올라가는,

단순하지만 명확한 구조다.

그런데 조직이 성장기에 접어들면 이 비례 관계가 깨진다. 업무 복잡도가 증가하고, 협업이 중요해지며, 리더십과 경영 체계가 필요해지는 시점이다. 단순히 근무 시간을 늘린다고 성과가 오르지 않는다. 이때 고도화하지 않으면, 회사가 '비효율적인 장시간 노동'에 의존하는 형태로 굳어지게 된다.

대기업 수준의 최종 단계에 이르면, 역할과 책임(R&R)이 명확하고 시스템 중심으로 운영된다. 얼핏 보면 다시 근로 시간과 성과가 비례하는 것처럼 보이지만, 본질이 다르다. 이 단계에서의 핵심은 단순한 시간 투입이 아니라 효율성과 퍼포먼스다. 성과와 생산성을 극대화하는 것이 관건이지, 오래 앉아 있는 것이 관건이 아니다.

우리는 AI와 자동화를 활용해 업무 효율성을 높이는 시대를 이야기하지만, 여전히 많은 기업들이 '농경사회적 방식'(= 장시간 노동을 통한 성과 창출)에 의존하고 있다. 해가 뜨면 일하고 해가 지면 쉬던 시대는 지났다.

## 성장한 조직에는 성장한 방식이 필요하다

단순히 "더 오래 일해야 한다"는 접근법만으로는 회사가 성장할 수 없다. 오히려 구성원의 동기를 저하시킬 위험이 크다.

구성원과의 신뢰를 해치지 않으려면 몇 가지 요소가 전제되어야 한다. 먼저, 성과에 대한 이해가 필요하다. 단순한 근무 시간이 아닌 생산성 중심의 사고방식으로 전환해야 한다. 충분한 보상도 빠질 수 없다. 공정한 성과 분배가 이루어져야 구성원들의 동기부여가 가능하다. 생산성 극대화 전략도 필수다. 근로 시간 대비 업무 효율성을 높이는 방법을 고민해야 한다. 업계와 시장 상황을 반영한 유연한 접근도 중요하고, 무엇보다 과거 방식과 현재 방식의 차이를 이해하고 수용하는 현실적인 인정이 바탕이 되어야 한다.

이 요소들이 빠진 채, "더 오래 일하면 성과가 나올 것이다"라는 막연한 기대는 오히려 조직에 독이 된다. 이는 대표를 구성원들에게 '나쁜 리너'로 보이게 만들 가능성이 크다.

지금 필요한 것은 단순한 "노동 시간 증가"가 아니라, "조직 운영 방식의 변화"다. 핵심은 근로 시간이 아니라 퍼포먼스다.

# 리더의 퍼포먼스 관리, 어떻게 할 것인가

많은 사람이 "근로 시간 중심에서 퍼포먼스 중심으로 전환해야 한다"는 말에는 공감하지만, 이를 실천하는 것은 어렵다고 느낀다. 하지만, 어려운 이유는 완벽한 전환을 한 번에 이루려 하기 때문이다. 점진적인 변화가 가능하며, 시도조차 하지 않는 것은 변명에 불과하다.

퍼포먼스 중심 경영이 어려운 핵심 이유는 시간 중심 경영보다 훨씬 정교한 구조가 필요하기 때문이다. 대표가 모든 것을 직접 설계할 필요는 없지만, 적절한 제도와 시스템이 필요하다. 시간은 측정하기 쉽다. 퍼포먼스는 정의부터 어렵다.

**퍼포먼스 중심 체계, 어떻게 구축할 것인가?**

첫째, 역할과 기대치를 명확히 설정한다.

- 사업 전략에 따라 각 조직과 개인에게 구체적인 역할과 기대치를 부여해야 한다.

- 구성원들은 목표를 달성하기 위해 자기 개발도 진행할 수 있어야 한다.

- 리더는 경험과 객관적인 기준을 바탕으로 구성원의 퍼포먼스를 평가하고 피드백을 제공해야 한다.


둘째, 목표 달성이 어려운 경우, 근로 시간 증가만이 답이 아니다.

- 추가 인력이 필요한지, 목표 조정이 필요한지 논의가 필요하다.

- 근로 시간 증가가 아니라, 효율적인 방법을 찾는 것이 중요하다.


셋째, 성과를 극대화하는 화학적 과정이 필요하다.

- 퍼포먼스 향상은 단순한 물리적 현상이 아니다.

- 1+1 = 2가 아닌, 10 이상의 시너지를 만들어내는 구조를 만들어야 한다.

- 단순히 "더 열심히 해"라고 압박한다고 해결되는 문제가 아니다. 압박은 단기 효과만 있고, 장기적으로는 독이 된다.

## IB와 컨설팅 펌의 진짜 비밀

일부 대표들은 IB(Investment Banking)나 컨설팅 펌 출신들의 높은 업무 몰입도를 부러워하며, "그들은 시키지 않아도 밤새고 주말에도 일한다. 우리도 근로 시간을 늘려야 하지 않을까?"라는 생각을 한다.

하지만 중요한 것은 그들이 근로 시간을 기준으로 일하는 것이 아니라, 퍼포먼스를 기준으로 일한다는 점이다. IB나 컨설팅 펌에서 근로 시간만을 기준으로 평가한다면, 일반 직장인들과 다를 바 없을 것이다.

그들이 자발적으로 몰입하는 이유는 명확한 산출물, 기대되는 퍼포먼스, 그리고 데드라인이 존재하기 때문이다. 이들은 주어진 목표를 달성하기 위해 주도적으로 시간을 관리하며 일한다. 그리고 목표를 달성하면 그에 맞는 보상과 인정을 받으며, 자유롭게 휴식을 취하거나 근무 시간을 조절할 수 있다. 야근이 목적이 아니라, 성과가 목적이다.

또한, 일부 대표들은 일론 머스크나 엔비디아 젠슨 황의 "근로 시간" 관련 발언을 인용하며, 시간을 더 투자해야 한다는 논리를 내

세운다. 그러나 여기서 핵심은 시간 자체가 아니라, 그 시간만큼의
퍼포먼스를 만들어내야 한다는 것이다.

중요한 전제가 있다.

- 전문성과 생산성이 확보된 상태에서만 근로 시간과 퍼포먼스가
  정비례할 수 있다.
- 서양의 합리주의 철학에서는 업무 체계, 환경, 의미뿐만 아니라
  그 일에 대한 보상까지 고려한다.
- 외국인들이 한국의 눈치 야근을 비합리적이라고 보는 이유도
  여기에 있다.

한국에서의 문제점은 이렇다. 외국계에서도 조직 내 정치는 존재하
지만, 그들은 역할과 책임(R&R), 리소스를 둘러싼 갈등에 가깝다.
반면, 한국에서는 보여주기식 근무와 시간을 투자하는 것이 성실함
으로 평가되는 문화가 문제다. 오래 앉아 있는 게 열심히 하는 게
아니다.

**리더의 퍼포먼스 관리 4가지 원칙**
성과를 높이는 방법은 단순히 근로 시간을 늘리는 것이 아니다. 단

순 근무 시간 증가 → 생산성 향상 공식은 성립하지 않는다. 업무 확장, 역할 조정, 목표 재설정을 통해 조직의 효율을 높이는 것이 핵심이다.

하지만 구성원의 역량, 업무 특성, 조직의 현황을 고려하지 않고, 단순히 "더 높은 성과를 내야 한다"는 압박만 가한다면, 이는 오히려 조직의 몰입도를 떨어뜨리고 역효과를 초래할 가능성이 크다.

① **최적의 타이밍 고려** (Timing Optimization)

모든 시점이 업무 확장의 적기가 아니다. 조직의 성장 단계, 시장 환경, 내부 리소스 상태 등을 종합적으로 고려해야 한다. 성장 가능성이 높은 시점을 파악하고, 적절한 타이밍에 업무 확장을 진행해야 한다.

✘ "지금 할 수 있으니 해보자" → 전략 없는 확장은 비효율적인 업무 증가로 이어질 수 있다

○ "이 타이밍에 이 업무를 확장하면 더 큰 성과가 나올까?" → 성과를 극대화할 수 있는 최적의 시점을 고민해야 한다

빠른 실행보다 적절한 타이밍에 맞춰 진행하는 것이 장기적인 성과에 더 유리하다.

② 적절한 인재 배치 (Right Talent Placement)

적절한 사람에게 적절한 역할을 부여해야 조직의 성과가 극대화된다. 단순히 업무를 맡기는 것이 아니라, 해당 업무를 가장 효과적으로 수행할 수 있는 인재를 배치하는 것이 핵심이다. 성과를 내는 사람에게 추가 업무를 맡기는 것이 아니라, 조직 전체의 생산성을 고려한 인력 운영이 필요하다.

✘ "가장 유능한 사람에게 모든 중요한 일을 몰아주자" → 특정 인력의 과부하, 조직 내 불균형 발생

○ "각 구성원의 강점을 고려해 역할을 배분하고, 필요한 지원을 제공하자" → 조직의 지속 가능성과 성과 향상

핵심 인재에게 업무를 과중하게 부여하는 것이 아니라, 조직 전체의 역량을 고르게 성장시키는 것이 중요하다. 에이스에게 공만 몰아주면 에이스가 지친다.

③ 성과를 낼 수 있는 구조 설계 (Structured Performance System)

새로운 업무나 역할이 추가될 때, 단순히 부담을 분산하는 것이 아니라 성과를 극대화할 수 있는 체계적인 지원 시스템이 함께 구축되어야 한다. 업무 확장은 명확한 목표, 역할, 리소스가 뒷받침될

때만 효과적이다. 무작정 업무를 추가하는 것이 아니라, 성과를 낼 수 있는 환경을 먼저 설계하는 것이 중요하다.

✖ "일을 더 주면 성과가 난다" → 비효율적인 업무 증가, 구성원 피로도 상승

⭕ "성과를 낼 수 있는 조건을 먼저 만들고, 업무를 조정한다" → 목표 달성 가능성 증가

새로운 프로젝트를 맡길 때, 단순히 "네가 해봐"가 아니라, 목표, 리소스, 역할 분배를 명확히 정리한 후 업무를 부여해야 한다.

④ 동기부여와 조직 몰입도 유지 (Employee Motivation & Engagement)

단순한 업무 배분이 아니라, 구성원들이 몰입할 수 있는 환경을 조성하는 것이 리더의 핵심 역할이다. 성과를 높이려면 단순한 목표 조정이 아니라 구성원들이 동기부여될 수 있는 시스템이 함께 마련되어야 한다. 조직의 지속 가능성을 위해 성과관리와 동기부여 전략이 균형을 이루어야 한다.

✖ 일방적인 목표 상향 조정 → 구성원의 피로도 증가, 성과 저하

⭕ 성과를 위한 지원과 동기부여 병행 → 지속적인 몰입과 성과 유지

단순히 "성과가 나야 보상을 준다"가 아니라, "성과를 낼 수 있는 환경을 먼저 만들고, 이를 통해 성과를 유도한다"가 맞는 순서다.

## 리더는 업무 지시자가 아니라 설계자다

리더의 역할은 단순히 업무를 배분하는 것이 아니다. "많이 일하게 하는 것"이 아니라, "성과를 극대화할 타이밍과 방향성을 설정하는 것"이 핵심이다. 그리고 업무를 확장할 때는 반드시 성과를 낼 수 있는 체계를 함께 설계해야 한다.

결국, 리더는 "업무 지시자"가 아니라, "조직이 최상의 퍼포먼스를 발휘할 수 있는 환경을 조성하는 설계자"이어야 한다. 지시는 쉽다. 설계가 어렵다.

# 평가는 했는데 보상은 어떻게 하지?

첫 인사 평가를 도입했다. 절대평가 방식을 택했고, 최종 리뷰 등급 까지는 무사히 나왔다. 그런데 막상 그다음 질문에 부딪혔다.

"이제 보상은 도대체 어떻게 결정하지?"

단순히 연봉을 몇 퍼센트 올려줄지의 문제가 아니다. 평가를 조직 안에서 어떤 방식으로 보상 구조와 연결할 것인지, 그것이 회사의 성과와 생존에 어떤 영향을 미칠지를 묻는 본질적인 질문이다.

보상은 돈으로 표현되지만, 그 뒤에는 조직의 철학과 운영 구조가 자리한다. 누군가에게는 공정성을 보여주는 장치, 또 다른 누군가 에게는 동기부여의 수단이 된다. 동시에 회사 입장에서는 장기적인 비용 부담이자 리스크 관리의 문제다. 평가는 끝났는데 진짜 고민은 이제 시작이다.

특히 스타트업이나 중소기업이 이 대목에서 막연함을 크게 느낀다. 평가 자체는 비교적 단순하게 도입할 수 있지만, 그 결과를 현금 흐름·재원·조직문화·대표의 철학과 엮어 실제 보상안으로 풀어 내는 일은 훨씬 복잡하다.

**재원(budget) 확정: 보상은 '돈'에서 출발한다**

아무리 평가가 잘 이루어졌어도, 결과를 실제 보상으로 연결할 수 있는지 여부는 재원이 뒷받침되느냐에 달려 있다. 돈 없으면 아무 리 좋은 평가도 의미 없다.

① 재무계획에 따른 산정

매출, 비용, 투자 계획을 모두 고려한 재무계획 기반의 산정이다. 단순히 인상률 몇 퍼센트를 정하는 수준이 아니라, 회사의 경영 구 조 전반을 이해하고 장기적으로 감당 가능한 수준을 계산하는 과 정이다.

매출 구조에 대한 예측이 선행돼야 한다. 구독형 SaaS는 매출 흐 름이 안정적이어서 인건비 증가를 계획하기 용이하지만, 프로젝트

형 아웃소싱은 분기별 매출 편차가 커서 인건비 인상 부담이 더 크다. 비용 구조도 함께 고려해야 한다. 연구개발이나 마케팅에 선제 투자가 필요한 단계라면 인건비를 크게 늘릴 여유가 없다. 단순히 지금 돈이 있다는 이유로 인상을 결정하면, 투자 유치 실패나 매출 정체 시기에 곧바로 부담으로 돌아온다.

이상적으로는 가장 합리적이지만, 데이터와 경영 시스템이 부족하면 현실에서 작동하기 어렵다.

## ② 감과 일부 데이터에 의지한 산정

초기 단계 스타트업에서 흔히 나타난다. 재원 개념 자체가 부재하고, 손익계산서를 정리하는 것조차 벅찬 상황에서 결국 대표의 감에 의존한 숫자가 정해진다.

"물가상승률 3%는 반영해야지." 겉으로는 그럴듯하지만, 장부와 연결되지 않은 추정일 뿐이다. 빠른 성장과 채용 경쟁에 몰입하다 보면 "일단 올려주자"는 결정이 쉽게 내려지지만, 매출 구조기 뒷받침되지 않으면 몇 년 안에 대규모 구조조정이나 인건비 동결로 돌아온다. 느낌으로 3% 올렸다가 6개월 뒤에 구조조정하는 회사가 한둘이 아니다.

더 큰 문제는 이런 결정이 반복되면 보상 정책이 일관성을 잃는다는 것이다. 어떤 해에는 업계 평균 기준, 또 어떤 해에는 대표의 기분에 따라 숫자가 바뀐다. 구성원 입장에서는 납득하기 어렵고 신뢰가 떨어진다.

## 평가와 보상의 연결 : 꼭 묶어야 할까?

재원이 어느 정도 확보되었다면, 다음 고민은 절대평가 등급을 보상과 어떻게 연결할 것인가다. 접근 방식은 크게 세 가지다.

### ① 아예 안 묶는다: 평가와 보상은 별개

리뷰는 개인의 성장 피드백에만 활용하고, 보상은 전사 차원에서 정한 정책에 따라 일괄 적용한다. 가장 큰 장점은 불필요한 갈등을 줄일 수 있다는 점이다. "왜 나는 A인데 인상은 적냐?"라는 불만이 생기지 않고, 리뷰가 본래 목적에 충실해진다.

도스는 이 철학을 분명히 하고 있다. 성과를 회사 차원의 결과로만 평가하고, 성과급이나 연봉 인상률도 모두 동일하게 적용한다. 두산은 성과 세션과 보상 세션을 의도적으로 분리해, 평가가 보상 협상의 명분으로 변질되는 것을 막았다.

하지만 한계도 있다. 우수 인재가 "내가 더 기여했는데 왜 차이가

없나"라는 박탈감을 느낄 수 있고, 리뷰와 보상 사이의 연결 고리
가 희미해져 "피드백은 좋았는데 왜 보상은 그대로지?"라는 괴리
감이 생길 수 있다. 열심히 해도 똑같고, 대충 해도 똑같으면 누가
열심히 하겠나.

## ② 조직별 예산 체제: 각 조직 안에서의 배분

전사 재원을 조직 단위로 나누고, 그 안에서 평가 결과에 따라 차
등 인상을 주는 구조다. 회사가 전체 재원을 인건비의 10%로 책정
하면 각 조직에도 동일하게 배정되고, 조직장이 평가 결과에 따라
배분을 결정한다.

한 단계 발전된 형태로는 조직 자체의 성과 평가를 반영하는 방식
도 가능하다. 영업 조직은 목표 초과 달성으로 12%를 받고, 연구개
발 조직은 기대치 미달로 8%만 받는 식이다.

장점은 조직별 상황을 고려하면서 전사적 재원 통제를 유지할 수
있다는 점이다. 하지만 같은 회사 안에서도 조직별 보상 편차가 벌
어질 수 있고, 리더의 평가 성향에 따라 차이가 심화되면 체감 공
정성은 떨어진다. 옆 팀은 후하고 우리 팀은 박하면 불만이 쌓인다.

③ 전사 단위 조정 : 절대평가 결과를 다시 맞추기

절대평가 결과를 그대로 두지 않고, 전사 관점에서 한 번 더 조정하는 구조다. 각 조직의 평가 결과를 교차 검토하고, 편차가 크다고 판단되면 회사 차원의 눈높이에 맞춰 균형을 맞춘다. 사실상 완화된 상대평가와 유사하지만, 처음부터 등급 할당량을 정해두는 것이 아니라 마지막 단계에서만 조율한다는 점에서 차이가 있다.

장점은 회사 차원에서 전체 균형을 잡을 수 있다는 점이다. 하지만 구성원 입장에서는 절대평가라 해서 받아들였는데 전사 조정에서 등급이 바뀌면 "결국 줄 세우는 것 아니냐"는 불신이 생긴다. 절대평가라더니 결국 상대평가네, 이런 말 나오면 제도는 죽는다.

**선택 그 자체보다 중요한 것 : HR 전반으로의 일관성**

평가와 보상을 어떻게 연결할지는 정답이 없다. 어떤 방식이든 나름의 논리와 장단점이 있다. 결국 중요한 것은 무엇을 선택했느냐가 아니라, 그 선택이 다른 HR 영역에서도 같은 철학으로 이어지는가다.

평가와 보상을 분리했다면, 채용 단계에서도 "성과와 보상은 직접 연결되지 않는다"는 메시지가 분명해야 하고, 승진 제도도 단기 성과보다 역량 축적에 무게가 실려야 일관성이 생긴다.

조직별 예산 체제를 택했다면, 채용 시점부터 "팀 성과와 리더십 스타일에 따라 보상이 달라진다"는 인식이 심어져야 하고, 성과관리도 팀 단위 목표 관리에 방점을 찍어야 한다.

전사 단위 조정을 선택했다면, 채용 단계에서 회사가 요구하는 가치와 균형을 이해하는 태도가 중요하게 다뤄져야 한다.

어떤 방식을 택하든 괜찮다. 다만 그 선택은 반드시 채용–평가–보상–승진–교육으로 이어지는 HR 전반에서 동일한 철학으로 구현되어야 한다. 제도는 하나만 잘 만든다고 되는 게 아니다. 전체가 같은 방향을 봐야 한다.

# 스타트업 레벨링 속성 가이드

레벨링의 철학적 배경에 대해 간단히 요약하면 이렇다.

- 직무분석/레벨링은 단순한 프레임이 아니라 철학적 배경을 이해해야 한다
- 모든 업무는 과학적으로 분석/분류될 수 있고, 각 직무를 스코어링해서 그룹화한 게 레벨이다
- 레벨에 market pay data를 연계하면 Payband가 된다

이상적으로는 조직구조를 먼저 설계하고 적합한 사람을 배치하는 게 맞다. 하지만 대부분의 한국 스타트업에서는 이미 갖춰진 조직에 뒤늦게 레벨링을 도입한다. 설계도 없이 집을 짓고, 나중에 도면을 그리는 셈이다.

그래서 오늘은 "그럼 실제로 어떻게 하는데?"에 대해 얘기해보려고 한다.

## 레벨링 하기 전에 반드시 물어봐야 할 3가지

이거 안 하고 바로 들어가면 십중팔구 망한다.

### ① 우리는 왜 레벨링을 하는데?

항상 모든 제도의 시작은 why에서부터다. 도입 이유에 따라 설계 방향성과 로드맵은 매우 달라진다. 다양한 이유가 있을 수 있다.

- 각자의 레벨에 맞는 업무 배분 및 목표치를 제시해야 조직 성과가 극대화될 것 같아요
- 다른 회사들도 다들 하는 것 같아 우리도 하고 싶어요
- 비싼 시니어를 데려왔는데 기존 인력과 역할/책임을 구분하고 싶어요
- 시니어들이 주니어와 다른 구분 점을 만들어달라고 요구해요
- 초기 멤버가 8년간 똑같은 일만 하는데 연봉을 무한정 올려주기도 힘들어요

뭔가 멋지지 않아도 상관없다. 우리 조직에서 왜 도입해야 하는지

이유는 알아야 한다. 그래야 실효적으로 업무를 위한 건지, 우선 껍데기 형태로라도 도입해야 할지 결정할 수 있다.

## ② 우리 조직에는 시니어가 있긴 한가?

시니어/미들/주니어 층이 어느 정도 구성되어 있는지 봐야 한다. 미들/시니어 층이 너무 약하면 주니어들이 레벨 구분을 수용하기 어렵고, 주니어 사이에서 서로 조금 더 주니어냐 아니냐로 세분화되는 웃긴 상황이 된다. 주니어 1, 주니어 2, 주니어 3... 그게 무슨 의미가 있나.

보수적으로 시니어 10% / 미들 20~30% / 주니어 60~70% 정도 비율은 구성되는 게 좋다. 그래야 우리 회사에 존재하지 않는 유령 같은 레벨 구간을 만드는 우를 범하지 않는다.

과거 내가 몸담았던 회사들에서는 시니어 층이 부족하다 싶으면 레벨링 도입을 미루고 채용을 먼저 강화했다. 그 구조가 안정화된 뒤 레벨링을 진행했다. 주니어들이 대부분인데 무리하게 레벨을 부여하면 옥상옥 구조의 레벨들이 신설되며 시니어 위의 시니어들만 양산된다.

여담으로 실리콘밸리의 레벨 제도가 국룰이라고 생각하는 분들이 꽤 많다. 레벨 구분 점이나 직무 명은 그 회사에서 임의로 만든 것이며, 글로벌 HR 컨설팅에서는 그렇게 명확한 기준점을 만들어두진 않는다. 빅테크이기에 시장의 보편성을 확보했을 뿐이다. 우리나라에선 principal 이런 거 쓰면 농담 50% 첨가해서 교장/학장으로 오해받는다.

### ③ 구성원들은 결과를 받아들일 수 있나?

스타트업은 체계가 느슨하기에 넓고 다양한 업무 범위를 가질 수 있다. 그래서 많은 주니어분들이 본인이 주니어가 아니라 생각한다. 업무가 체계화되기 전에는 고도화된 버전이 뭔지도, 복잡도가 높아진 버전도 경험해 보지 않았기에 내가 하는 업무 자체가 기준이 된다. "나는 이 분야 총괄인데?"라고 생각하지만, 사실 그 '총괄'의 범위가 작을 뿐이다.

일을 얼마나 잘하고 하이레벨로 하느냐라는 개념이 자리 잡는 건 생각보다 나중 일이다. 어쨌든 일을 해내고 수행하는 게 먼저 발생하니까. 이 고민은 정통 레벨링에서도 어려운 난제다. 업무의 깊이와 범위 둘 다 고려해야 하지만, 성숙화되지 않은 회사에서 어떤 기준에 어느 정도 가중치를 부여할 것인가는 정답이 없다.

**실제로 레벨링 진행하기 (속성 버전)**

왜 속성이냐면, 정통 방식대로 하면 직무분석부터 해서 1년 걸린다. 그렇게 할 여력도 필요도 없는 스타트업을 위한 버전이다. 1년 걸리면 그사이에 조직이 두 번은 바뀐다.

[Step 1. 구성원들의 직무(Job Title)를 정리한다]

직무명은 업계 내 어느 정도 표준화되어 있고, 큰 회사들의 채용 공고를 참고해도 좋다. 업무의 독립성은 반영하되 어느 정도 표준화되는 선에서 목적성을 잃지 말아야 한다. "나만의 직무명 하고 싶어" 같은 개별화된 욕망을 다 이뤄주는 게 목적이라면 레벨링보다 다른 프로젝트가 맞다. 직무명은 자아 표현의 도구가 아니다.

[Step 2. 직군(Job Group)을 결정한다]

직군 구분은 단순 직무의 그룹이 아니라, HR 제도의 차별적 적용이 발생할 수 있는 단위다. 고용 형태/보상/업무 형태/일하는 방식을 종합적으로 고려해서 나누되, 관리 효율성을 고려해 적정 수준이 좋다.

- Tech / Non-Tech
- Corporate / Biz / MKT / Product / Tech

- Sales / Strategy / HR&Finance / Tech / Design / Biz / MKT

**[Step 3. 직군/직무를 매칭한 직원들을 나열한다]**

가장 쉬운 건 연봉 수준과 경력을 같이 고려해서 순서를 세우는 형태다. 원칙적으로는 전문성 수준으로만 평가하는 게 정답이지만, 속성 버전이므로 우선 도입용으로 안내한다.

- 연봉을 보는 이유: 시장에서의 평가를 인정했다는 것이고, 고연봉자를 너무 낮은 레벨로 배치하면 바로 Outlier가 되어 연봉 캡 적용이 될 수 있다.

- 경력을 보는 이유: 년 차 숫자 자체에 얽매이기보다 "5년 차 정도면 실무에서 주니어는 아닐 것 같다" 수준의 구분점으로 이해하는 게 오류를 최소화한다.

절대 기준이 힘들면 두 명을 비교해서 "A가 B보단 시니어다" 정도만 되어도 좋다. 팀장급들에게 구성원의 실력이나 시니어 수준을 확인하고, 몇 개의 그룹 정도라도 세울 수 있다면 충분하다. 최초 부여한 레벨은 수정될 가능성이 높으니 너무 관대하게도, 너무 보수적이지 않게 접근한다.

[Step 4. 레벨 개수를 결정한다]

그 정도로 세밀하게 단위를 구분할 수 있는가, 그게 의미가 있는가를 스스로에게 질문하면서 단계 수를 잡아야 한다. 정말 단순하게 Entry / Junior / Middle / Senior / Lead 이렇게만 잡아도 충분하다.

주니어 중에 애매한 급들이 있다면, 그 사람들이 주니어/시니어와는 다른 레벨의 업무/역할을 줄 만한 구분점이 나타났는가를 고민해야 한다. 단순히 주니어 안에서 최상위권이라는 이유로 별도 레벨을 만드는 건 비효율성과 관료화를 낳는다. 레벨이 많다고 좋은 게 아니다.

또 하나 중요한 건, 각 레벨별 앵커 멤버가 필요하다는 것이다. 누가 봐도 시니어라고 인정될 수 있는 사람이 있으면, 그 사람을 중심으로 레벨의 분기점이 형성된다. 사람 베이스로 레벨링을 진행할 때는 앵커 멤버가 무엇보다 중요하다.

[Step 5. 세부 정책을 결정한다]

아래 사항들은 정답 없이 회사/구성원에 맞는 방식을 선택하면 된다.

- 레벨 오픈 여부: 당사자에게만 공유할 것인가, 전체에 공개할 것인가?

- 공식 기준 vs 관리용: 레벨링을 공식 기준으로 쓸 것인가, 관리용으로만 두고 통합 직무명을 쓸 것인가?

- 페이밴드 연동: min/max를 오픈할 것인가?

- 레벨별 JD: 다 만들 것인가? (관리 cost 주의)

- 채용 연동: 채용 공고를 레벨별로 오픈할 것인가? 면접 때 레벨까지 평가할 것인가?


**[Step 6. 돌려보면서 계속 수리/보완하자]**

레벨링은 한번 했다고 영원불멸한 게 아니다. 조직 개편이나 전사 전략 변경 때마다 직무 가치도 달라지고 레벨링도 바뀔 수 있다. 한번 세팅한 건 지속적으로 개선하는 과정의 첫 스텝일 뿐이다. 완성이 아니라 시작이다.

# 제6부

# 설계하거나 표류하거나 (커리어)

# 모두가 착한 사람이고 싶어서, HR이 나쁜 사람이 된다

## 인하우스를 떠나는 사람들

시니어 HR로 10년 넘게 조직 안팎을 경험하며 가장 자주 마주치는 장면이 있다. 동료들이 하나둘 인하우스를 떠나는 모습이다. 비슷한 시기에 HR을 시작했던 사람들이 각자의 방식으로 조직을 떠나고 있다.

누군가는 운 좋게 임원이 되었고, 누군가는 컨설팅이나 교육처럼 독립적인 일을 택했다. 전혀 다른 직무로 변경하거나, 아예 고향으로 돌아가 새로운 삶을 시작한 이도 있다.

공통점은 하나다. HR을 그만두려는 게 아니라, 인하우스를 떠나려 한다는 것. 이유는 단순한 번아웃이 아니다. 조직 안에서 HR이 담당하는 것보다 감당해야 할 것이 훨씬 많기 때문이다. 그건 구조가 아니라 감정이다. 정확히 말하면, 구조 너머에 존재하는 감정의 흐름이다.

## 모두가 알지만, 아무도 인정하지 않는 구조

조직에는 수많은 의사결정이 있다. 하지만 인사라는 역할은 유독 이상한 위치에 있다. 결정은 대표가 하는데, 비난은 HR이 받는다. 정책을 설계했을 뿐인데 분위기를 망친 사람처럼 낙인찍히고, 대표의 의도를 정리했을 뿐인데 대표를 바꾼 사람처럼 몰린다.

실제로 나도 겪은 적이 있다. 대표는 빠진 자리였고, 나 혼자 직원들과 청문회처럼 이야기를 풀어나가야 했다. 그 자리에서 들은 말은 이랬다.

"우리 대표님은 갑자기 이렇게 바뀔 분이 아닌데요. 솔직히 님이 대표님을 현혹시킨 거 아니에요?"
"이건 우리 회사 스타일이 아닌데, 혹시 투자사에서 꽂힌 분이세요?"

나는 말한다. 대표는 아무도 못 바꾼다고. HR도, C레벨도, 이사회도, 심지어 부모도. 대표는 자기 판단대로 움직이는 사람이다. 그럼에도 변화가 생기면 가장 먼저 비난받는 사람은 HR이다.

역할처럼 보이는 위치에서 HR은 결정 보조자이고 정책 설계자이며 기준 수립자다. 하지만 실제로 겪는 현실은 정서적 방패이고 대표 결정의 해석자이며 모두의 불만 창구다. HR은 공식적으로는 중간자지만, 비공식적으로는 모든 감정의 도착지가 된다.

**한국 조직이 HR을 필요로 하는 진짜 이유**

이 구조는 우연이 아니다. 한국 조직문화의 특수성에서 비롯된 매우 정교한 감정 분산 시스템이다.

한국 조직에서는 누구도 나쁜 사람이 되고 싶어 하지 않는다. 대표도, 리더도, 구성원도 모두 착한 사람이고 싶어 한다. 그래서 누군가는 나쁜 역할을 대신 맡아야 한다. 그 자리에 HR이 있다.

대표는 결정을 내리지만 직접 전달하지 않는다. 리더는 팀원을 평가하지만 낮은 등급을 직접 말하지 않는다. 구성원은 불만이 있지만 대표에게 직접 말하지 않는다. 이 모든 감정의 흐름이 HR을 거쳐 간다.

HR은 위계상 대표보다 아래에 있고, 관계상 구성원보다 가까우며,

기능상 감정을 다루는 사람이기 때문이다. 대표에게는 말할 수 없고, 동료에게는 말하기 민망하고, 리더에게는 말하면 불리한 이야기들. 그 모든 것이 HR에게 쏟아진다.

이 구조의 본질은 이것이다. 한국 조직은 위계를 유지하면서도 관계를 해치고 싶지 않다. 결정은 명확하게 내리고 싶지만, 감정은 상하게 하고 싶지 않다. 그 사이에 완충재가 필요하다. 그게 HR이다.

**감정이 HR에게 도착하는 세 가지 경로**
**① 결정권은 없는데 책임은 있는 구조**
구성원은 알고 있다. 대부분의 인사 결정은 대표가 한다. 그러나 그 결정을 막지 못한 사람에게 감정이 향한다.

"왜 막지 못했어요? HR은 도대체 뭘 한 거죠?"

대표가 인원 정리를 지시했고, HR은 충격을 최소화하기 위해 소통을 설계했다. 하지만 대표는 대면을 피했고, 퇴사자들은 말한다.

"대표님은 좋은 분이잖아요. HR이 너무 날카롭게 말하더라고요."
대표는 좋은 사람이어야 하고, HR은 나쁜 역할을 해야 한다는 것.

대표도 이 구조를 활용한다. "그건 HR이 좀 더 정리했어야죠. 리스크 있었던 건데 HR이 보고했어야죠." 결정은 대표가 했지만, 결과는 HR이 책임진다.

## ② 대표에게는 말 못 하고 HR에게는 말할 수 있는 구조

조직 안에서 대표는 비판이 어려운 존재다. 그래서 구성원은 대표에게는 동의하고, HR에게는 불만을 쏟아낸다.

회의에선 모두가 "좋습니다, 잘 이해했습니다"라고 말한다. 회의가 끝난 직후 HR은 메신저로 듣는다. "이게 말이 돼요? HR이 막았어야죠."

연봉 동결 공지가 나가면 슬랙에는 "수고 많으셨습니다"가 올라온다. 동시에 HR에게는 DM으로 항의가 온다. 대표 앞에서는 침묵하고, HR에게는 떠넘긴다. HR은 말할 수 있는 대상이기 때문이다.

## ③ 자신도 못 지키는 기준을 HR에게만 요구하는 구조

피드백은 회피하면서 HR에게는 공정한 평가를 설계하라 하고, 온보딩은 제대로 지키지 않으면서 체계가 부실하다고 지적하고, OKR은 형식적으로 제출하면서 HR이 관리하면 "통제하려 드냐"고 묻는다.

시간이 지나 대표가 결정했고 HR은 내부 조율에 애썼다는 걸 알게 되어도, 감정은 쉽게 돌아서지 않는다. HR은 가깝고, 말을 섞을 수 있고, 내 편이었어야 한다는 기대가 있기 때문이다. 나는 안 해도 HR은 해야 한다는 기대가 존재한다.

**그렇다면 HR은 어떻게 해야 하는가**

이 구조를 바꿀 수는 없다. 하지만 이해하고 설계에 반영할 수는 있다.

감정의 도착지임을 인정하되 쓰레기통은 되지 않는다. 구성원의 불만을 듣되, 그걸 제도 개선의 데이터로 전환한다. 감정을 받아내되, 구조로 정리하는 것. 그게 HR이 흡수재가 아니라 설계자로 남는 방법이다.

비난받을 각오를 하되 방어할 준비도 한다. 결정 과정을 기록하고, 선택의 근거를 남기며, 대안들을 문서화한다. 비난은 피할 수 없지만, 무능하다는 낙인은 피할 수 있다. 기록은 HR을 지키는 가장 강력한 도구다.

대표를 교육하되 기대는 낮춘다. 대표가 HR을 방패로 쓰는 건 악의가 아니라 습관이다. "이번 결정은 대표님이 직접 전달하시는 게 좋겠습니다." 조금씩 경계를 그어나간다. 단, 대표가 완전히 바뀔 거라 기대하진 않는다. 조금 나아지면 성공이다.

구성원에게 친절하되 책임은 명확히 한다. 불만을 들어주되, 출처를 명확히 한다. "이건 제가 결정한 게 아니라 대표님의 방침입니다." 친절하게, 하지만 분명하게.

**감정의 도착지에서, 구조의 설계자로**

HR은 책임자가 아니라 설계자다. 모든 의사결정이 HR을 통과하지 않지만, 모든 불만은 HR을 통과한다.

이 구조는 HR의 잘못이 아니다. 모두가 착한 사람이고 싶어 하는 한국 조직의 그림자다. 리더도, 구성원도, 대표도 착한 사람이고 싶기 때문에, 누군가는 나쁜 사람이 되어야 한다. 그 자리에 HR이 있다.

구조가 없으면 감정이 덮친다. 기준이 없으면 기대는 비난이 된다. 공감받지 못하더라도 기준을 남겨야 한다. 이해받지 못하더라도 설명은 해야 한다.

# 스타트업 성장 중독 : 병? 동기부여?

아직도 이를 뭐라고 명명해야 할지 모르겠다. 후보는 '스타트업 증후군', '성장 금단증상', '빨리빨리 병'인데 대충 합쳐서 '성장 중독'이라고 해보겠다. 지극히 개인적 소견이니 편하게 봐주면 좋겠다.

스타트업에 조인해서 적어도 2~3년 이상 근무한 사람에 해당할 수 있다. '성장 중독'은 간단히 말하면 내가 유지했던 텐션/pace가 변경(보통은 낮아짐)됨에 따라 그 간극을 어떻게 받아들일지 몰라 불안해하는 증상이다. 보통은 이직 과정에서 많이 느끼는데 같은 회사의 성장 과정에서도 느낄 수 있다.

## 갈아 넣음의 시대

스타트업 초반 스테이지를 경험한 이들은 체계 없음, R&R 없음, 시스템 없음으로 인해 어쩔 수 없이 본인을 갈아 넣어야 할 경우가 많다.

퇴근에 대해서는 기약 없이 무한 야근. 주말/새벽에도 슬랙 대응. 업무 한 개 완료해도 쉬지 못하고 또 다른 업무 무한 쳐내기. 주변 동료가 일 년 내에 수십 명이 들어오기. 일 년에 한 번씩 오피스 확장 이사. HR제도와 회사 정책이 매달 변경되기. 내가 담당하는 영역의 지표가 가파르게 상승하기.

이런 텐션으로 일하면 분명 번아웃도 오고 힘들다. 하지만 이겨내고 나면 "난 이것도 이겨냈어"라는 보람과 자긍심이 생긴다. 이것이 소위 말하는 스타트업의 도전정신이자 그릿이다.

일반적인 기업의 텐션을 60 정도라 하면 이 갈아 넣음은 100에서 120까지도 간다. 100까지가 정상적 감당 범위라면 120은 번아웃일 수밖에 없다. 스타트업 뽕 중에는 이 갈아 넣음을 이겨냈음에 의한 자긍심도 있다. 근데 이게 문제가 된다.

## 성장 중독의 발현

회사가 어느 순간 인원이 많아지거나 시스템이 잘 갖춰지거나, 혹은 상대적으로 덜 빡신 회사로 이직하게 되면 '성장 중독'이 나타난다.

① 새로운 회사로 이직했을 때

B2C에서 B2B로 바뀐 것만으로도 충분히 이해될 것 같다. 대표도 다르고 산업군, BM도 다르다. 야근도 많지 않고 새벽에 슬랙이 오지도 않는다. 대표도 수시로 사람들을 불러 지시를 바꾸지 않는다.

처음 며칠은 여유 있고 워라밸도 좋아져서 좋다. 하지만 분명 좋은 회사인데 왜 나는 불안해지는 걸까. 편한데 불안하다. 이상한 조합이다. 전의 나와 비교되며 도태되는 느낌을 받고, 이 여유를 이렇게 보내도 될까 걱정하게 된다.

의욕적으로 개선하려 한다. 새 회사의 업무를 보니 전 회사와 비교해서 개선할 것들이 보인다. 내가 열정적으로 주도하면 전체 회사의 텐션도 높아질 것이라 생각하며 의욕적으로 진행한다.

하지만 모든 상황엔 각각의 맥락과 사정이 있다. 새 회사의 비즈니스와 구성원 현황을 제대로 파악하지 않은 채 전혀 다른 전 회사와 비교하는 것은 당돌한 접근이다. 개인의 불안에서 시작해 조직에 대한 선의로 가는 과정에서 나의 철학이 들어가면 아집으로 가기 쉽다. 3개월 차가 10년 된 회사를 바꾸겠다고 나서는 꼴이다.

다시 빡센 회사를 찾는다. 회사를 잘못 선택했다고 판단하고 전 회사만큼의 텐션을 가진 회사를 다시 찾기 시작한다. 하지만 본인의 불안감을 중심으로 회사를 판단하면 시작점도 까먹게 되는 정체 모를 무한. 비교. 지옥에 빠질 수 있다. 빡센 회사 찾아 삼만리.

## ② 동일 회사의 성장에 따른 스테이지 변화

차라리 이직이 더 편할 수 있다. 전 회사와 새 회사의 구분은 가능하기 때문이다. 같은 회사가 성장하며 바뀌는 것들을 받아들이기에는 사람은 냉정하지 않다.

항상 말하듯이 회사는 성장하며 매 스테이지마다 다른 회사가 되며 매번 새로이 창업하는 것과 유사하다. 어느 순간 체계가 갖추어지고 인원이 많아지며 R&R과 목표가 정해진다. 관점에 따라 여유로워진다고 느낄 수 있다.

도전적 스타트업 문화를 좋아하는 이들은 점점 불편해지기 시작한다. 회사가 성장해서 그렇게 되었다는 것은 인정하기 어렵다. 과거의 빡신 분위기도 유지하면 되지 않냐고 요구하고, 그 불만은 결국 대표나 경영진을 향한다. 예전엔 안 그랬는데 병이 도진다.

하지만 체계/시스템이 갖추어짐이 곧 빡시지 않음과 절대로 같은 말이 아니다. 바뀐 체제 관점으로 스스로를 돌이켜보고, 바뀐 체제 에서의 빡심은 어떤 것이며 성과를 어떻게 낼지를 고민해야 한다.

## 빠른 템포에서만 잘 추는 건 고수가 아니다

'성장 중독'은 나쁜 것이 아니다. 끊임없는 자기 발전에 동기부여를 할 수 있는 긍정적 현상이다. 하지만 좋은 것도 과해져서 자신에게 피해를 준다면 결국 병이다.

불만을 갖기에 앞서 냉정하고 객관적인 상황 인식과 평가는 필요 하다. 그리고 한 가지 더 이야기한다면, 진짜 춤을 잘 추는 사람은 빠른 템포에서만 잘 추는 사람이 아니라 미디엄 템포, 슬로 템포에 서도 잘 추는 사람이 진짜 고수다.

빠른 템포에서는 그 템포에 맞춰 몸을 움직이기만 해도 뭔가 그럴 싸해 보인다. 그것이 빠른 템포의 맹점이다. 미디엄/슬로 템포에서 는 빠른 템포에서는 못 보던 여유들이 생긴다. 그 여유는 댄서의 연기력, 동작 하나하나의 완성도, 카리스마만이 채울 수 있다.

일하는 것도 다르지 않다. 무한 야근 모드에서 여유가 생겼을 때

편하다고 생각하기에 앞서 두려워해야 한다. 이제 내 가치는 체력과 시간으로만 평가되지 않을 수 있다는 말이다. 진짜 나의 퍼포먼스는 어떤 것이며 그를 위해 어떤 역량이 필요한가를 진지하게 고민해야 한다.

## 물경력의 함정

스타트업 인원들의 가장 큰 단점으로 평가받는 것이 물경력이다. 경험한 일의 범위와 역할은 넓지만 정작 그 일의 내실과 단단함은 약하다는 말이다. 넓은 그릇에 물만 찰랑찰랑.

운 좋게 전 회사에서 갈아 넣음으로써 그릇이 커졌다면, 그 이후부터는 그릇을 키워만 가기보단 단단하게 채우는 과정도 분명 필요하다.

나 또한 체계 없고 속도가 빨랐던 여러 회사를 거치며 '성장 중독'을 똑같이 경험했다. 방황했고 나를 돌이켜보는 시간을 가지며 도리어 단단해질 수 있었다. 그 결과 중 하나가 현재 쓰고 있는 브런치이기도 하다.

채움의 방법은 다양하다. 부족했던 영역을 보충할 수도, 일하는 방식을 리뷰하고 발전시킬 수도, 건강을 챙길 수도, 취미나 행복을 찾을 수도 있다. 일을 오래 건강하게 잘한다는 의미에는 많은 것들이 필요하다.

빠른 템포만 고집하지 마라. 슬로 템포에서도 멋있는 사람이 진짜 프로다.

## 주니어가 꼭 해봐야 할 두 가지 : 여행과 연애

**[사회생활 연습 게임]**

사회 초년생 시절은 일종의 사회생활 연습 게임이다. 튜토리얼은 짧고, 정식 스테이지는 생각보다 갑작스럽게 시작된다. 하지만 대부분은 회사라는 '메인 퀘스트'에만 정신이 팔려, 경험치를 쌓을 수 있는 수많은 사이드 퀘스트를 놓친다.

이 시기에야말로 실수를 해도 크게 손해 보지 않고, 새로운 시도를 해도 회복이 빠른데, 정작 눈앞의 업무에만 몰두하다 보면 이런 기회를 흘려보내기 쉽다.

그중에서도 특히 놓치면 아쉬운 것이 있다. 바로 여행과 연애다. 단순히 재미나 취미처럼 보일 수 있지만, 이 두 경험은 다른 활동으로 대체하기 힘든 독특한 학습 효과를 준다. 여행은 낯선 환경

속에서 살아남는 법을, 연애는 전혀 다른 사람과 호흡을 맞추는 법을 자연스럽게 익히게 한다.

직장 생활에서 필수적인 두 가지 역량—환경 적응력과 관계 조율력—을 아무도 모르게, 그러나 확실하게 길러주는 것이다.

① 여행 — 내 상식이 깨지는 '의도된 충격'
여행을 하면, 가장 먼저 깨닫는 건 내 상식이 세상의 상식이 아니라는 사실이다. 평소엔 당연했던 것들이 여기선 전혀 통하지 않는다. 밥 먹는 시간, 버스 타는 방법, 길 건너는 규칙, 심지어 화장실 물 내리는 방식까지 다르다.

일본에서 버스를 탈 때 뒷문으로 타고 앞문으로 내리는 구조를 처음 겪었을 때, 습관대로 앞문에서 타려고 하다 기사님이 손을 가로막는 순간 '아, 내가 모르는 질서가 이곳의 상식이구나'를 바로 느꼈다. 그곳의 문화와 규칙이 바뀌길 바라봐아 소용없다. 결국 내가 맞춰야 한다.

이건 마치 회사에서 갑작스러운 조직 개편이나 새로운 시스템 도입을 맞이했을 때와 비슷하다. "이건 아닌데"를 반복하면, 그날 하루는 불평과 불편으로 끝난다. 하지만 마음을 열고 적응하면, 의외의 재미와 새로운 방법을 발견하게 된다.

한 번은 외국에서 '시간 약속'이란 개념이 거의 없는 지역에 갔는데, 투어버스가 40분 늦게 왔다. 한국 기준으로라면 불만 폭발이었겠지만, 그때 현지 사람들은 '괜찮아, 오늘 하루는 길어'라며 웃고 있었다. 그 여유를 받아들이니 오히려 하루가 더 느긋해졌다.
여행은 짧지만 강한 '상식 붕괴 실험'이다. 여행이 주는 가장 큰 선물은 풍경이 아니라, 내 기준을 잠시 내려놓는 법을 배우는 것이다.

② 연애 — 맞지 않는 사람과도 함께 가는 '자발적 훈련'
직장에서는 다양한 사람과 함께한다. 대표, 상사, 동료, 후배… 그중 상당수는 나와 맞지 않는다. 그렇다고 골라서 함께할 수는 없다. 연애는 이 상황의 '체험판'이다.

좋아하는 마음이 있으니, 불편해도 맞춘다. 상대의 말투, 습관, 시간, 심지어 취향까지. 이건 가족이나 친구에게는 하지 않는 노력이다.

아침형인 내가 저녁형인 사람을 만나면, 주말 약속 시간이 항상 늦어진다. 예전 같으면 "왜 이렇게 늦게까지 자?"라며 잔소리했겠지만, 연애를 하다 보니 '저 사람의 생활 리듬 안에서 나도 즐길 수 있는 방법'을 찾게 된다.

연애는 '다름'과 마주하는 법을 가르쳐준다. 그리고 그 다름을 무조건 바꾸려 하지 않고, 서로의 틀 안에서 살아남는 방법을 찾게 한다.

직장에서 이런 경험 없이 처음 맞춰보려 하면, 감정과 업무가 뒤섞여 더 힘들어진다. 반면 연애에서 이미 '마음이 불편한 상태에서도 관계를 유지하는 법'을 연습해 본 사람은 훨씬 단단하다.

한 번은 프로젝트 파트너가 내 방식과 완전히 반대였다. 기한 촉박한 일을 앞두고도 그는 '차분히' 준비했다. 그때 연애에서 배운 '속도 다른 사람과 보조 맞추는 법'이 없었다면, 아마 그 관계는 초반부티 께졌을 것이다.

다만 한 가지 차이는 있다. 연애에서는 애정이 동기지만, 직장에서는 월급과 성과가 동기라는 점이다. 그래서 오히려 연애보다 더 건조하고, 더 계산적이다. 하지만 기본적인 '맞춤 근육'은 연애에서 길러진다.

## 버티는 힘, 풀어내는 힘

여행은 환경의 다름에 적응하는 법을, 연애는 사람의 다름에 맞추는 법을 가르친다. 둘 다 내 의지로 바꿀 수 없는 상황 속에서 결국 내가 변화하는 법을 배우게 한다는 공통점이 있다.

사회생활 첫 3년, 모든 것이 낯설고 버거운 시기에 이 경험은 보이지 않는 방패가 된다.

나는 이 두 가지를 통해 길러진 힘을 '버티는 힘'과 '풀어내는 힘'이라고 부른다. 버티는 힘은 흔들리지 않고 자리를 지키게 하고, 풀어내는 힘은 얽힌 문제를 관계 속에서 풀 수 있게 한다.

여행이 망해도 직장 평판은 무사하고, 연애가 끝나도 업무 평가는 그대로다. 업무 현장에서는 실수 한 번이 치명적일 수 있지만, 이곳에서는 실패가 곧 경험이 된다. 리스크 없이 부딪히고, 배우고, 다음을 준비할 수 있는 유일한 무대다.

그리고 여행에서 얻은 적응력, 연애에서 얻은 관계력은 직장뿐 아니라 인생 전반에 걸쳐 쓰인다. 이건 경력보다 오래 가는 자산이다.

## 취미가 아닌, 인생 수업

주니어 시절, 이 두 가지를 경험한 사람과 그렇지 않은 사람의 차이는 사회라는 거친 바다에 나가면 금세 드러난다. 환경이 바뀌거나, 관계가 흔들리거나, 예상치 못한 파도가 덮쳐도 쉽게 무너지지 않는다. 그들은 이미 여행에서, 연애에서 '낯선 상황에 나를 맞추는 법'을 몸으로 익혔기 때문이다.

내 기준으로만 세상을 재단하면 늘 불만이 쌓이고, 관계는 쉽게 끊어진다. 하지만 한 번이라도 다른 땅에서, 다른 사람과, 다른 리듬으로 살아본 사람은 안다. 세상은 '맞추기만 하는 곳'이 아니라, 다양한 기준이 공존하는 곳이라는 걸. 그리고 그걸 안 순간, 사회생활은 버티는 게임이 아니라 살아내는 모험이 된다.

# HR 시니어의 생존 기술 : 인내, 눈치, 정무 감각

## HR 리더는 왜 어려운가

HR 리더는 굉장히 어려운 포지션이다. HR 업무의 난이도 측면보다는 정무적이고 복합적인 환경 속에 있다는 것이 어렵다. 단순히 제도를 잘 운영하거나 세팅하는 것이 아니라, 세워질 때부터의 고민과 운영되면서 효과까지 고민해야 한다. 그리고 가장 근본적으로, 이 모든 것을 HR 단독으로 수행할 수 없다.

제도 하나를 만들어도 대표의 동의, 현업 리더들의 협조, 구성원들의 수용이 필요하다. HR이 아무리 좋은 방향을 알고 있어도, 실현하는 건 결국 "타이밍"과 "설득"의 영역이다.

## 전제: HR 지식은 기본이다

최근 스타트업이 트렌드가 되면서 경력이 길지 않거나 HR 경험이 충분하지 않음에도 HR 리더 역할을 하는 경우가 많다. 이 자체를 비판적으로 보지는 않지만, 지식에 대해서는 경력이 짧거나 경험이 부족하다고 변명이 될 수 없다.

지식은 동료들과의 교류에서 얻는 것만으로 그쳐서도 안 되고, 교과서로만 봐서 얻는 지식으로도 그쳐서는 안 된다. 실제 업무 관점에서 스스로 단련하고 고민하고 다듬어야 한다.

이 전제 위에서, HR 시니어에게 필요한 역량 3가지를 얘기해 본다.

① 인내심 : 티 내지 않고 시국을 기다릴 수 있는 힘

HR 시니어들은 식자우환(識字憂患)이라고 생각한다. 너무 많은 것을 알고 있다. "이래야 하는데", "이게 맞는데"라는 생각이 받아들여지는 곳에서나 좋은 의견이지, 그렇지 못한 곳에서는 잔소리이자 뜬구름 잡는 소리다.

상식이란 절대적이고 보편적인 것으로 보이지만 사실 상대적이다. 시니어들은 어쩌면 쓸데없이 상식 수준이 높을 수도 있다.
스타트업을 포함한 조직의 발달 과정에서 가장 뒤늦게 고도화되는 영역이 HR이다. 아이러니하게 HR에 관심 많은 대표일수록 회사에

는 더 위험할 수도 있다. HR이란 것은 최초 방향이나 틀을 잡는 것에는 도움이 되지만, 이후 자연스레 조직이 발전함에 따라 인위적으로 힘을 들이면 들일수록 딱딱하고 잘못된 관성을 가지기 때문이다.

현실에 답답해서 일방적으로 비판하거나 불만을 제기한다면 오히려 역풍을 맞는다. 티를 내더라도 불만이나 경멸이 아니라 "이러면 좋지 않을까" 정도의 티저 같은 터치여야 한다.

인내를 하고 있다고 능력이 없거나 바보라고 생각하지 않는다. 진짜 몰라서 그런 사람과 알지만 기다릴 줄 아는 사람은 매우 다르다.

② 눈치(센스) : 타이밍을 캐치하고 상황을 해석하는 힘

기업은 시간이 지나며 변화한다. 이 피할 수 없는 변화가 인내심에 대한 보상이 될 것이다. 문제는 그 변화의 시작점을 캐치하기 힘들다는 것이다.

어느 날 갑자기 대표가 "나 이제부터 권한을 내려놓겠습니다"라고 선언하지 않는다. 대부분은 이런 상황이다.

"변화해야 한다고 하던데 / 문제점이 계속 생기는데" vs "변화하기 싫어 / 아직은 괜찮아 / 일런 머스크처럼 내 스타일대로 갈 거야!" 이 두 가지 생각이 끊임없이 싸움을 벌이다 아주 천천히, 아니면 우연하고 우발적으로 전자의 생각으로 주도권이 넘어가기 시작한다.

대표가 혼자서 생각을 정리하고 "앞으로 이렇게 할 거예요"라고 말한 것을 듣게 된다면 이미 타이밍은 놓친 것이다. 내가 생각하는 굿 타이밍의 시작점은 기존 생각과 변화된 생각의 비율이 65:35 정도부터다. 이때부터 슬슬 "내가 변화되어야 하거나 변화될 수 있음"에 대해 직감하기 때문이다.

상황을 정치적으로 해석하는 것도 중요하다. 표면적인 사건만을 보는 것이 아닌 히스토리와 흐름, 주변 역학들과의 이해관계, 그로 인한 영향력과 나비효과까지 분석해야 한다.

어떤 지시에 대해 단순 업무 지시로 이해하기보다 행간 너머를 분석해 볼 수 있어야 한다. "이런 이유로 이런 의사결정을 했다"가 중요한 게 아니다. 대표는 왜 이런 생각의 흐름을 가져갔을까? 평상시와 다른 모습이라면 고민을 해보아야 한다. 변화의 시작점일 수

도 있지만, 단순 변심일 수도, 새롭게 등장한 영향력 있는 인물일
수도 있다.

정치적 해석 능력은 공부한다고 개발되지 않는다. 사고력, 창의력,
추리력, 비판력에 서사력까지 필요하다.

### ③ 정무 감각 : 원하는 메시지를 제대로 전달하는 힘

기다렸고, 타이밍도 확인했다. 이제 표현을 해야 한다.

아직 65:35 정도면 기존 생각 중심에 가깝다. 그 상황에서 몸통 꽉
찬 직구를 날리면 바로 거부당하고 역풍을 맞기 쉽다.

일단 가장 기본적으로, 직접 답을 주면 안 된다. 답을 택하고 안 택
하고는 대표의 영역으로 놔둬야 한다. 분명 그 길을 따라가면 답이
있겠지만, 단순히 길만 알려줘도 된다. 어떤 상황이 정체에 빠져있
다면, 이런 방향으로도 열어볼 수 있다는 것, 그게 벽이 아니고 문
이라는 것만 말해줘도 된다.

영화 《설국열차》에서 남궁민수의 대사가 떠오른다. "18년 동안 꽁
꽁 얼어붙어 있다 보니까 이걸 벽처럼 생각하게 됐는데, 사실은 저

것도 문이란 말이지."

HR 시니어의 역할도 비슷하다. 대표가 벽이라고 생각하는 것이 사실은 문일 수 있다는 것을 보여주는 것. 그 문을 열지 말지는 대표의 선택이다.

답이나 솔루션을 제안해야 한다면, 논설문이 아닌 스토리로 전달되어야 한다. 대표는 변화에 대한 필요성만 가졌을 뿐, 구체적 내용은 나와 전혀 다른 메커니즘일 수 있다. 논설문은 동일한 문제의식을 가진 채로 입장만 다른 경우에 유효하다. 이 경우는 한 편의 소설처럼, "그런 플롯과 설정이라면 그런 결론이 나올 수 있겠구나" 정도의 공감이 필요하다.

## 버려야 할 태도: 공명심

시니어가 가지면 안 될 태도로 '공명심'을 지적한다. 공명심은 '공을 세워 자기의 이름을 널리 드러내려는 마음'이다.

시니어/리더급이 되면 단순히 나의 업무 성과 자체가 중요해지지 않는다. 더 거시적 관점에서 일이 진행되고 해결되는 것이 중요하다. 비록 내 개인의 업무 결과가 잘 인정받지 못하더라도, 이로 인해 연결된 일 자체가 해결되면 나는 사실 일을 잘한 것이다.

공명심에 빠지면 내 일, 내 성과만 중시하게 된다. HR에서는 워낙 많은 변수가 있는데, 그 변수를 다 무시하고 내 관점에서만 일을 진행하고 인정받으려 하게 된다. 내가 이해해야 할 변수나 상황이 있음에도 내 일만 강조하고 밀어붙이면, 내가 내세웠던 명분조차 사라지며 개인의 고집으로 치부된다.

개인이 아무리 명분이 있고 당당하고 근거가 있다 해도, 현재 상황에 받아들여지지 않고 그로 인해 갈등이 발생한다면 그것은 잘못되고 틀렸다고 생각한다.

# HRBP, 타이틀만 바꾸면 되는 게 아니다

요즘 채용 공고를 보면 'HRBP'라는 타이틀이 정말 많이 보인다. 예전에는 HR 담당자, 인사 관리자 이런 식이었는데 이제는 대부분이 HRBP다. 몇 년 전만 해도 한국에서는 익숙하지 않았던 개념인데, 지금은 스타트업은 물론이고 대기업에서도 앞다퉈 도입하고 있다.

내가 야놀자에서 처음 HRBP를 맡았을 때만 해도 스타트업에서 이 역할을 운영하는 곳은 거의 없었다. 그때는 쿠팡 정도만 이 개념을 쓰고 있었고, "그게 뭐 하는 역할이에요?"라고 매번 설명해야 했다. 이제는 상황이 완전히 달라졌다.

## HRBP는 어떤 역할인가

기존의 기능별 HR과는 다르다. 예전에는 채용팀, 평가팀, 보상팀,

조직문화팀으로 기능별로 나뉘어 있었다. HRBP는 특정 조직을 전담하면서 HR 전반을 다 보고, 비즈니스와 긴밀하게 연결된 의사결정을 함께 한다.

이 역할과 함께 등장하는 조직이 CoE(Center of Excellence)다. BP가 각 조직과 밀착해서 HR 운영을 담당한다면, CoE는 HR의 각 기능별로 운영 가이드라인을 만들고 지원하는 조직이다. BP가 최전선이라면, CoE는 뒤에서 전문성을 지원하는 백오피스인 셈이다.

솔직히 스타트업이나 성장기 기업에서는 CoE를 따로 두기가 쉽지 않다. 그래서 많은 회사들이 CoE 없이 BP 위주로 HR 구조를 짜고, 덕분에 이 역할에 대한 기대치는 점점 높아지고 있다.

## 왜 기업들은 HRBP를 원할까

과거 HR은 기능별로 쪼개져서 운영됐다. 근데 요즘 기업들이 원하는 건 조직 내 문제를 Full Stack 관점에서 해결할 수 있는 사람이다. HR 이슈들은 생각보다 복잡하다. 조직에서 터지는 문제들은 채용, 평가, 조직문화, 노무가 다 엮여 있다. 기능별로 쪼개서 보면 문제의 본질을 놓친다.

이 역할은 문제 보고만 하는 게 아니다. 컨설턴트이면서 의사결정자이고 실행자까지 다 해야 한다. 조직의 지원자가 아니라 비즈니스 목표 달성을 함께 고민하는 파트너가 되어야 한다.

특히 스타트업은 빠르게 성장하면서 기존 조직 구조를 유지하기 어려워지고, 조직을 쪼개서 C레벨, Head, PO 등이 책임지는 방식으로 바뀐다. 그러면서 조직의 인사권을 일정 부분 부여받아 독립적으로 의사결정 하는 역할이 필요해진다.

## 같은 HRBP인데 왜 역할이 다를까

이 역할은 유행처럼 도입할 게 아니라 조직이 필요로 하는 역할과 전략에 맞춰 신중하게 만들어야 하는 직무다. 조직마다 완전히 다른 역할과 권한을 가질 수 있다.

- 운영 조정형. HR 정책을 조직에 적용하고, HR팀과 현업 부서 간 커뮤니케이션 브릿지 역할을 한다. 규모가 크지 않거나 HR 정책이 표준화된 조직에서 필요하다.
- 조직 성장 파트너형. 조직구조를 만들고 리더십을 개발하며 인력 운영, 성과관리를 담당한다. 급성장 중인 스타트업이나 조직 개편이 중요한 기업에서 필요하다.

- 전략적 파트너형. 비즈니스 전략과 인사전략을 연결하고, 데이터 기반 의사결정, 인력 투자 계획을 짠다. 대기업, 글로벌 기업이나 CEO와 직접 협업이 필요한 환경에서 필요하다.
- 확장형. HR을 넘어서 재무나 경영까지 담당하고, 인건비 최적화, 예산 관리, 조직 전체의 운영 효율성을 개선한다. 비용 관리가 중요하거나 인사와 경영이 밀접하게 연결된 조직에서 필요하다.

차이가 나는 이유는 조직 성장 단계가 다르고 부여되는 권한 수준도 다르기 때문이다. 스타트업은 HR 체계를 처음부터 짜야 하니까 채용, 조직 설계, 문화 구축까지 다 해야 한다. 대기업은 이미 체계가 잡혀 있어서 경영 전략과 인사전략 연결하는 역할을 맡는다.

## HRBP가 제대로 작동하려면

이 역할이 제대로 먹히려면 조직 내에서 실질적인 권한과 영향력이 있어야 한다. "현업 부서 요청 전달하는 중간자"에 그치면 그건 비즈니스 파트너가 아니다.

해당 조직 리더십 팀과 함께 직접 의사결정에 참여할 수 있어야 한다. 채용, 인력 배치, 승진, 보상 같은 걸 현업 조직장과 함께 논의하고 결정할 수 있어야 하고, 조직구조 개편이나 성과관리 체계 개선 같은 주요 의사결정에 비즈니스 리더들과 함께 참여해야 한다.

그리고 이 역할 도입이 '전략적 선택'이어야 한다. "요즘 대세니까 우리도 해야지"가 아니라 해야 하는 이유가 명확해야 한다. 조직이 크고 복잡해서 맞춤형 HR 지원이 필요하거나, 빠른 변화에 맞춰 민첩성을 높이고 싶거나, HR이 경영의 일부로 기능해야 할 때 필요하다. 반면 조직 규모가 작아서 없이도 잘 돌아가거나, 명칭만 있고 실질적 역할이 안 주어지거나, 현업 부서가 전략적 협력을 안 할 때는 불필요하다.

## 타이틀보다 중요한 것

예전에 어떤 투자사 경영진한테 "HRBP 꼭 필요한가요?"란 질문을 받은 적이 있다. 유행처럼 하면 좋은 것으로 인식되면 적합한 인재 채용은 더 어려워지고 조직 내에서는 혼란과 비효율만 생긴다고 답했다. 타이틀만 바꾸는 게 아니라 조직이 정말 필요로 하는 역할이 뭔지부터 명확히 해야 한다.

이 모델이 모든 조직에 맞는 건 아니다. 하지만 오늘날 HR 담당자라면 갖춰야 할 본질은 분명하다. 비즈니스에 대한 깊은 이해, 프런트라인에서의 커뮤니케이션과 유연성, 의사 결정력과 실행력.

결국 중요한 건 타이틀이 아니라 역할의 본질이다. BP라는 타이틀이 없어도 모든 HR 담당자는 비즈니스 파트너로서의 역할을 할 수 있어야 한다. 채용 공고만 봐도 알 수 있다. 시장은 이미 그런 사람을 찾고 있다.

# HRBP를 꿈꾸는 HR 담당자가 준비해야 할 것들

## HR의 역할이 바뀌고 있다

HR의 역할이 기능적 운영에서 벗어나 조직과 비즈니스 성장을 위한 전략적 파트너로 바뀌고 있다. 예전에는 채용, 평가, 보상, 조직문화 각각의 영역에서 전문성을 쌓으면 됐다. 근데 이제는 다르다.

HRBP라는 타이틀이 아니더라도, 시장이 원하는 HR 담당자의 모습은 명확해지고 있다. 채용 공고만 봐도 알 수 있다. 비즈니스를 이해하고, 조직 전반을 볼 수 있고, 문제를 직접 해결할 수 있는 사람.

그렇다면 HR 담당자는 어떻게 준비해야 할까.

## ① 무조건 공부하고 시야를 넓혀야 한다

HR 담당자는 이제 단순 HR 업무 수행자가 아니라 비즈니스를 이해하는 전략적 파트너가 되어야 한다.

## ② 산업과 비즈니스 모델 이해

그냥 "우리 회사는 이런 일 한다" 수준이 아니라, 비즈니스의 핵심 경쟁력을 제대로 이해해야 한다. 투자사보다 더 잘 알겠다는 마음가짐으로 업계 트렌드, 경쟁사 분석을 꾸준히 해야 한다. 파트너인 Head나 C레벨한테 파트너로 인정받을 정도는 되어야 한다는 거다.

## ③ 직무별 스터디

특히 BP라면 필수다. 마케팅 조직 담당이면 ATL, BTL, 퍼포먼스 마케팅, CRM 같은 기본 개념과 전략을 알아야 하고, 개발 조직 담당이면 아키텍처, 개발 언어, 주요 스타트업의 기술 스택 비교 정도는 할 수 있어야 한다. 직무를 제대로 모르면 파트너가 될 수 없다.

## ④ HR의 Full Stack 이해

한 가지 영역만 아는 시대는 끝났다. HR 담당자는 전체 프로세스를 이해하고 필요하면 다 할 수 있어야 한다. 심지어 리크루터도 비즈니스 파트너 역할을 하려면 채용만이 아니라 HR 전반을 알아야 한다.

⑤ 경력 개발에 대한 주도권 확보

회사가 네 성장을 기다려주지 않는다. 필요하면 직무를 확장하고 새로운 영역을 경험해야 한다. 지금 회사에서 새 직무를 확장하는 게 오히려 더 강력한 무기가 된다.

**공부는 어떻게 해야 할까**

이론 30%, 실무 중심 자료 70% 비율이 좋다. 실무 경험이 없으면 실제 기업 사례, 아티클, 강의를 적극 활용하자. 이론만 파는 게 아니라 실무에서 '어떻게 쓰는지'에 집중해야 한다.

미디엄, 브런치, 해외 HR 트렌드 자료를 적극 활용하고, 철학이나 사상보다는 원칙과 실무 적용 가능성에 집중하는 게 좋다. 처음부터 철학이나 사상에 빠지면 시야가 좁아진다.

① 문제를 푸는 방식을 바꿔야 한다

HR이 인사 행정 관리 수준에서 비즈니스 성장을 지원하는 전략적 파트너로 바뀌고 있다. 이제 HR은 운영 중심 사고에서 벗어나 조직 문제를 해결하는 방식으로 접근해야 한다.

기존 방식은 HR 제도 안에서 문제를 풀려고 했다. 예를 들어 평가 시스템 불만이 많을 때, "평가제도를 개편해야 한다", "새로운 KPI 를 도입해야 한다", "다른 회사 벤치마킹에서 더 좋은 평가 방식을 적용하자" 이런 식이었다.

새로운 방식은 문제의 본질부터 판다. 평가 불만이 왜 나왔는지부터 분석한다. 성과 기준이 애매한 건지? 승진이 막혀서 동기부여가 안 되는 건지? 피드백이 없어서 직원들이 성장 기회를 못 얻는 건지?

그리고 뭐가 가장 효과적인지 판단한다. 그냥 평가제도만 바꾸는 게 아니라 조직 내 성과 경로를 명확히 하고 피드백 문화를 정착시키는 게 필요할 수도 있다는 거다.

HR 틀 안에서만 풀려고 하지 말고, 비즈니스 문제를 푸는 관점에서 근본 원인을 찾고 해결하는 게 중요하다.

② 사고방식의 전환

첫째, HR을 비즈니스 문제 해결 도구로 써야 한다. HR은 조직과 사람 관리하는 부서가 아니라 조직을 성장시키는 문제 해결 부서가 되어야 한다. HR 제도가 조직 성장과 비즈니스 성과에 어떻게 기여하는지 고민해야 한다. "HR적인 문제"가 아니라 "비즈니스 문제를

HR 방식으로 푸는" 사고방식이 필요하다.

둘째, HR이 비즈니스 논의 테이블에 같이 앉아야 한다. 예전엔 HR이 따로 놀았지만, 이제는 비즈니스 전략 논의할 때 HR이 함께해야 한다. 그냥 현업 요청 전달하는 역할이 아니라 HR 관점에서 비즈니스 성장을 위해 어떤 전략을 쓸지 직접 제안하고 실행해야 한다. 예를 들어 비즈니스 회의에서 "인재 확보 전략이 사업 성과에 미치는 영향"을 제안하는 식이다.

셋째, 조직이 계속 변할 수 있게 유연성을 가져야 한다. 전통적인 HR은 고정된 제도 운영에 집중했다. 근데 이제는 조직 변화에 따라 유연하게 대응해야 한다. 기존 HR 제도를 그냥 들이대는 게 아니라 조직의 성장 단계와 상황에 따라 HR 전략을 계속 바꿔야 한다. 스타트업 초기엔 빠른 인재 확보가 중요하지만, 성장 단계에선 성과 평가와 조직문화 정착이 더 중요한 이슈가 된다.

## 결국 갖춰야 할 세 가지

HRBP라는 타이틀이 없어도, 오늘날 HR 담당자라면 갖춰야 할 본질은 분명하다.

① 비즈니스에 대한 깊은 이해

그냥 관리자가 아니라 비즈니스 전략을 이해해야 한다. 조직이 부딪힌 문제를 풀려면 비즈니스 본질을 파악하고 거기에 맞는 인사 전략을 고민할 수 있어야 한다.


② 프런트 라인에서의 커뮤니케이션과 유연성

HR은 이제 백오피스가 아니다. 비즈니스 리더들과 함께 일하면서 현장에서 직접 문제를 풀어야 한다.


③ 의사결정력과 실행력

이론적인 HR 정책만 아는 게 아니라 현장에서 실제로 적용하고 실행할 수 있어야 한다. 조직이 빠르게 바뀌는 시대엔 HR도 빠르게 결정 내리고 실행하는 능력이 필요하다.


타이틀보다 중요한 건 우리가 조직에 어떤 가치를 줄 수 있는지 고민하는 거다. 시장은 이미 그런 사람을 찾고 있다.

# HR 커리어의 끝, 두 가지 상상

약 3개월 전, 한 HR 동료와 나눈 대담에서 오래 기억에 남는 장면이 있다. 대화는 'HR 커리어의 끝, 혹은 완성이란 무엇일까?'라는 질문으로 자연스럽게 흘러갔다. 서로가 꺼낸 '끝의 그림'은 꽤 달랐다. 솔직히 말하면 아주 달랐다.

- 동료의 버전 : 1인 완전체 HR. AI와 기술의 발전으로 1인이 HR의 전체 사이클을 수행하는 시대가 올 것이다. 보상 담당, 평가 담당, 교육 담당으로 나뉘는 것이 아니라, AI의 보조를 받으며 혼자서 전체를 해내는 HR. 분업이 아니라 기술 기반의 통합 운영이 가능한 HR.

- 나의 버전 : 카멜레온 HR. 모든 조직, 모든 대표, 모든 비즈니스에 적응할 수 있는 카멜레온 같은 HR. 시니어가 될수록 자신만

의 스타일이나 주관이 강해지기 마련인데, 그것을 내려놓을 수
있는 사람. 그럼에도 매 순간 변화하고 진화해 나갈 수 있는 사람.

둘 다 확신에 차서 말했는데, 관점이 너무 달라 웃음이 나왔다. 하
지만 쉽게 넘겨버릴 수는 없었다. HR이라는 영역 자체도 명확하게
정의하기 어려운 만큼, '끝'이라는 개념 또한 지나치게 크고 추상적
이기 때문이다.

## 1인 완전체 HR이란

동료의 생각은 단순히 최신 기술을 잘 활용하자는 수준을 넘는다.
HR을 처음 시작할 때, 주니어 시절에는 "저 HR 전체 영역을 다 해
봤어요"라는 말이 어렵지 않다. 하지만 시니어가 될수록 이 말을
꺼내는 게 오히려 더 조심스러워진다. HR의 각 영역은 단순한 운영
이상을 요구하기 때문이다. 채용은 조직문화와 사업방향을 고려한
인재 기준 수립을, 평가는 공정성과 철학 기반의 구조 설계를, 보상
은 내부 형평성과 외부 경쟁력을 고려한 의사결정을 요구한다.

운영과 의사결정은 본질적으로 다르다. 운영의 기준은 정확성이다.
실수 없이 처리하면 된다. 의사결정의 기준은 불확실 속에서의 방
향 제시다. 시니어가 운영을 피하지 않는 이유는 부담이 낮기 때문

이고, 의사결정을 피하는 이유는 불확실성과 책임이 크기 때문이다.

이런 맥락에서 '1인 완전체 HR'이라는 개념이 새롭게 다가왔다. 나 역시 AI의 도움을 받으며 점점 더 많은 영역을 혼자서 다룰 수 있게 되었다. 나의 경험과 지식 데이터, 프롬프트, 일 처리 방식이 결합되면서 AI와 함께 일하는 방식이 '나만의 스타일'로 유지되는 것을 실감한다.

결국 아무리 기술이 발전해도 사람을 다루는 HR의 영역은 AI만으로 완전히 대체되긴 어렵다. 같은 상황에서도 미묘한 '뉘앙스' 하나에 따라 전혀 다른 결과가 나오기도 한다.
1인 완전체 HR의 완성 조건은 AI와 개인화, 그리고 체계화다.

## 카멜레온 HR이란

경험이 쌓이고 시니어가 되면 수많은 프로젝트와 실전의 프랙티스를 갖게 된다. 그 경험은 나만의 스타일과 철학을 점점 더 강화시킨다. 하지만 중요한 건 이 스타일이 '나의 것'이라는 점이다. 그리고 그것이 항상 회사나 대표와 일치하지는 않는다.

대부분 경우 회사는 수많은 구성원, 다양한 이해관계, 유무형의 비즈니스 프레임과 같은 다층 구조를 가진다. 최고의 성과를 내려면 필요한 건 '나의 능력'만이 아니다. 그 조직에 대한 빠른 이해, 민감한 적응, 유연한 커스터마이징이 함께 필요하다.

그래서 나는 어느 순간, 나의 스타일을 내려놓게 될 거라고 생각한다.

20대 중반, 한 모임에서 나를 소개하며 이런 이미지를 이야기했다. "나는 구름 같은 외형 속에 조그만 쇠구슬을 품고 있는 사람이다." 구름은 어떤 그릇이든 담을 수 있는 유연한 외형이고, 쇠구슬은 그 안에 있는 단단한 철학이다. 스타일은 구름처럼 바뀔 수 있지만, 중심은 늘 나에게 있다.

시니어로서의 자신감은 "모든 문제를 해결할 수 있다"는 만능주의가 아니다. 처음 겪는 문제일지라도 최선을 다해 고민하고 의사 결정할 수 있다는 의지, 그리고 그 결정이 잘못됐더라도 다시 수정하고 회복할 수 있다는 역량에 대한 믿음이다.

카멜레온 HR의 완성 조건은 유연성과 내공, 그리고 상황 감각이다.

## 직위가 아닌 상태로서의 완성

그날 동료와 나는 'HR 커리어의 끝'에 대해 이야기하면서도 어떤 직위나 포지션에 대해 언급하지는 않았다. 임원이나 C레벨을 커리어의 정점으로 여기기도 하지만, 우리 둘 다 그 자리가 HR의 진짜 끝은 아니라고 생각했던 것 같다.

두 관점의 공통점은 하나였다. 직위가 아닌 '상태'로서의 HR 완성을 강조한다는 것.

1인 완전체 HR은 기술 활용, 효율성, 개인화된 시스템을 핵심 가치로 두고 스스로 전체를 처리할 수 있는 구조를 지향한다. 카멜레온 HR은 철학, 적응력, 유연한 내공을 핵심 가치로 두고 조직 맞춤형 커스터마이징과 내려놓음을 지향한다.

방식은 다르지만, 둘 다 '위치'보다는 '상태' 혹은 '방식'에 대한 이야기였다.

어쩌면 HR의 끝은 정해진 도착지가 아니라, 계속해서 진화하는 과정 그 자체일지도 모른다.

# 추천사

대기업부터 스타트업까지, 채용부터 보상·조직 운영까지 HR의 모든 일을 저자의 경험을 바탕으로 입체적으로 보여준다. 어느 하나 낯설지 않은 현실을 경영진과 구성원 사이에 선 HR의 시선으로 담담하면서도 날카롭게 묘사한다. 정답 없는 회사 생활 속 고민하는 대표와 리더, HR 담당자들에게 생각을 환기하는 시간이 될 것이다.

— 엄태욱, (現) 토스뱅크 Head of Data / (前) 야놀자 CTO —

PE의 입장에서 기업에 투자하고 경영에 참여하다 보면, 결국 기업의 성과를 좌우하는 것은 사람과 조직이라는 사실을 반복해서 확인하게 된다. 이 책은 HR을 단순한 인사 제도가 아니라 기업의 성장 단계에 맞춰 조직 경쟁력을 설계하는 핵심 기능으로 설명한다. HR 실무자는 물론, 조직의 실행력을 고민하는 경영자와 리더에게 이 책을 권한다.

— 서동철, JKL파트너스 상무 —

HR은 좋은 사람으로 살고 싶은 사람에게 가장 어려운 직무이다. 그런데 이 책을 읽다 보면, 그래도 좋은 사람으로 일하는 방법이 있지 않을까 하는 생각이 든다.

— 백인균, 싱가포르국립대학 교수 —

이상적이고 바람직한 HR을 논하기보다는 불편한 현실감이 끈적하

게 묻어나는 솔직한 HR의 문제 인식과 진심을 마주해 보세요. 진
짜 문제해결을 위한 그의 독백과 치열한 고민은 여전히 진행 중!!!

— 이연정, 라이나손해보험 Head of HR(상무) —

HR이 현장을 모르면 결국 이론서가 된다. 좋은 제도보다 중요한
건 비즈니스의 흐름을 읽고 사람과 조직을 연결하는 감각인데, 이
책은 바로 그 감각을 현장에서 몸으로 익힌 사람의 솔직한 기록이
다. 스타트업에서 HR을 고민하는 모든 이에게, 교과서보다 먼저
손에 쥐어주고 싶은 책이다.

— 곽지아, (現) 오늘의집 HR Head / (前) 배달의민족 경영지원
부문장 —

누구보다 솔직한 HR 전문가 '이드'의 적나라한 에세이. 좋은 얘기
만 듣고 싶고 현실을 받아들일 준비가 안 된 대표님들은 보지 마
세요.

— 김원경, 글로드(glod) 대표 —

오랜 기간 이드님의 포스팅을 애독하며 조직관리에 많은 도움을
받고 있습니다. 이번 출간을 통해 기업 현장의 많은 리더분들이
더 큰 인사이트와 기회를 발견하시고 현장에 적용해보시기를 강
력 추천드립니다.

— 김지훈, (現) 배달의민족 사업부문장 / (前) 무신사 SLDT 대표 —

HR이라는 수라도 같은 세계에서 가뭄의 단비이자, 내 마음을 깊이 알아주는 친구와의 위로 섞인 커피챗 같았습니다. 이상적인 이론서에서는 결코 말해주지 않는 불편한 진실들을 예리하게 해부하는 용기가 돋보입니다. "HR에는 정답이 없지만, 최선은 있다"는 통찰을 따라가다 보면, HR의 진실이 있음을 깊이 깨닫게 됩니다.

**— 김구화, 채비 인사팀장 —**


평판 때문에 서로 예의 차리는 대한민국 스타트업씬에서, 이렇게 솔직하게 이야기하는 HR 전문가는 오직 '이드' 한 사람뿐이다. 정말 이걸 다 이야기해도 되는 걸까? 그는 늘 터지기 직전의 폭탄 같은 글을 쓴다. 그런데 그걸 모아 책을 낸다니, 얼마나 재밌는 일이 생길지 기대된다.

**— 하슬기, 넥사이드 대표 —**


이 책에 담긴 글들은 화려하지 않습니다. 대신 솔직합니다. 이론으로 정리된 HR이 아니라 실제 조직 안에서 흔들리고 선택해온 시간들이 담겨 있습니다. 읽다 보면 '아, 나만 이런 고민을 하는 게 아니었구나' 하고 괜히 마음이 놓입니다. 정답을 알려주는 책이라기보다 스스로 생각해보게 만드는 책입니다.

**— 전유진, D3 HRBP —**


이드님은 다양한 스펙트럼의 조직 경험을 통해 쌓은 균형 잡힌 시각으로 HR에 대한 다방면의 인사이트를 간접적으로 얻게 해주십니다. 이드님을 통해 HR에 대한 고민의 답을 얻어가는 과정은 지금도 충분히 의미 있고 가치 있는 시도입니다.

— 김건호, AAC 전략총괄(CSO) —

사람의 심리와 행동을 분석하는 데 타의 추종을 불허하는 감각은 학창 시절부터 이미 완성형에 가까웠습니다. 그 타고난 기질이 HR이라는 업과 만났을 때의 시너지는 실로 경이롭습니다. 이 책은 단순한 업무 매뉴얼이 아니라, 한 인간이 오랜 시간 갈고닦은 통찰의 정수입니다.

— 김무근, 서울백년치과 대표원장 —

회사를 흥하게도, 망하게도 하는 '사람'과 흥망성쇠를 가장 많이, 다양하게 실전에서 접한 이드님의 경험을 생생하게 볼 수 있는 책. 경영진이 읽으면 회사를 살릴 수 있습니다. 직원이 읽으면 슈퍼히어로로 거듭날 수 있습니다. 이 시대 우리 모두에게 필요한 필독서입니다.

— 이병주, 더블엑스 코퍼레이션 대표 —

아름다운 이야기들만 많아진 요즘, Best practice만 공유되는 것 같아 아쉬웠습니다. 이드님의 글은 제가 속시원하게 하고 싶었던 말을, 속으로만 하고 있었던 생각을 누구나 볼 수 있는 플랫폼에

올리셨다는 것만으로도 희열이 느껴집니다. 바이블은 아니겠지만,
모든 HR 담당자에게 위로의 글이자 혼자가 아님을 알려주는 글입
니다.

— 윤정우, LG AI연구원 Talent Relations Team 책임 —


경험의 범주가 규모와 단계, 산업의 다양성을 포괄하고 있기에 여
러 관점에서 기업을 바라보는 인사이트가 있다. HR 담당자라면 누
구나 실질적인 경험에서 나오는 인사이트를 받을 수 있는 필독서
다.

— 남동득, 번개장터 피플실장 —


사람과 조직 사이에서 정답 없는 선택지 앞에 홀로 서 있어야 했
던 밤들을 먼저 건너온 여행자가, 시행착오와 고독, 그리고 끝내
붙잡아낸 작은 깨달음들을 이 한 권에 조심스레 눌러 담았습니다.
"나만 이런 게 아니었구나" 하고 잠시 마음을 내려놓을 수 있는 위
안이 되기를 바랍니다.

— 김지현, 비바리퍼블리카 General Affairs Manager —


단순한 HR 직무 소개가 아닌, 다양한 기업에서 오랜 기간 쌓은 경
험과 철학을 토대로 풀어내어 사람과 조직을 고민하는 모든 사람
들에게 통찰과 나아갈 방향을 알려줍니다.

— 양경식, 람다256 Head of People —

앞에서는 노측, 뒤에서는 사측인 것이 HR이라고 생각했다면 이드의 이야기는 재미있을 것이다. 시니컬해보이지만 그러나 사실은 일과 인간에 관심이 많은 그의 고민은 너무나 답이 없고, 현실적이라 실용적이다.

**— 마주연, 글로벌 기업 컨트리매니저 —**

다양한 통찰과 시행착오를 통해 현업에서의 마인드셋 측면에서 큰 도움을 받았습니다. 글에는 누구나 봉착할 수 있는 이슈부터 조직관리의 실무적인 팁, 경영진으로서 환기해볼 수 있는 지침이 곳곳에 숨어 있습니다. 변화하는 환경 속 개인의 통찰과 철학을 계속 고민하자는 취지에서 영감을 얻으면 좋겠습니다.

**— 임경호, 닥터나우 COO(부대표) —**

초기 스타트업부터 국내 일류 대기업까지, 폭넓은 조직 경험을 가진 저자가 회사 생활의 다양한 사건과 고민을 HR의 시선으로 담담하게 풀어내면서도 핵심을 정확히 짚어냅니다. HR 실무자는 물론, 조직을 이끄는 대표와 리더들에게도 고민해야 할 포인트를 선명하게 제시하는 책입니다.

**— 조준범, 엔터사 재무전략 팀장 —**

편하게 읽히지만 핵심 내용은 무겁고 진중하다. 재밌게 읽다 보면 어느덧 심오하다고 느꼈던 HR에 대한 지식이 쌓여 있고 이드와 함께 더 고민하게 된다. HR은 직장인 모두에게 맞닿아 있는 직무이니 직장인이라면 꼭 읽어보길 추천한다.



밝은 면만 보는 낭만주의 HR이 아니라 문제의 중심으로 들어가 조직 성과에 직접적인 임팩트를 내는 현실주의 HR의 본질을 이해할 수 있습니다. 현실이라는 땅에 발을 딛고 손발에 흙 묻히며 '진짜' 성과를 만들어가는 자신의 모습을 발견할 수 있을 겁니다.



오랜 시간 이드님을 봐온 나로서 그가 책을 발간한다고 했을 때 기대감이 먼저 들었다. 과연 이번에는 어떤 흥미진진한 이야기를 쓸지. 평소 그의 글의 애독자로서 빨리 책이 나오길 학수고대하고 있다.



저는 HR이 아닙니다. 하지만 이드의 글을 애독했습니다. 1인 기업인 저에게 조직을 이야기하는 그 글에 때로는 답이 있었습니다. 결국은 사람과 수많은 '관계'에 대한 이야기였기 때문입니다.



단순한 이론이 아닌 현장의 리스크를 관리하며 조직을 전진시켜

온 실무자의 날카로운 시각과 구체적인 해결 방안을 담고 있습니다. 조직의 성장에 따른 복잡한 문제를 해결하고 실질적인 성과를 내고자 하는 경영진과 HR 담당자들에게 가감 없는 지침서가 될 것입니다.

— 김일균, 헬스케어 스타트업 CFO —

이론이 아닌 실제 현장에서 부딪히며 고민하고 선택해온 과정들이 담겨 있어 더욱 공감하며 읽었습니다. 다양한 경험과 고민들은 HR이라는 일을 조금 더 넓고 깊은 시각에서 바라보게 해주었습니다. HR을 고민하는 많은 분들에게 현실적인 인사이트와 방향성을 전해주는 좋은 길잡이가 될 것입니다.

— 이고은, 휴이노 HR Lead —

브런치 글을 마주할 때마다 '진짜 HR'이 무엇인지 생각하게 됩니다. 이론에 갇힌 이야기가 아니라 현장에서 부딪히며 얻은 생생한 깨달음이라 더 좋았습니다. 이드님의 오랜 노하우가 책으로 출간된다니, HR 고민이 있는 대표님들과 실무자분들께 큰 도움이 될 것입니다.

— 박준혁, 심퍼티쿠시 · 콘피에르 · 생과방 공동대표 —

이 책의 가장 큰 장점은 다양한 규모와 업종의 기업 HR을 경험한 필자의 고민의 여정을 함께할 수 있다는 것이다. 문제를 풀기 위해서는 문제를 식별할 줄 알아야 하고, 기업 상황별로 문제 해결 방식이 다를 수 있음을 인지하는 것이 중요하다. HR에 입문하는 주니어부터 시니어, 리드들에게 자극을 줄 것이라 확신합니다.

**— 이승규, 채널코퍼레이션 HR팀 리드 / 사람경영코치 —**

경영진이라면 한 번쯤 마주칠 수밖에 없는 난감한 HR 이슈들에 대해, 교과서적인 당연한 이야기가 아니라 실제 조직에서 작동하는 조언을 들을 수 있다. 십수 년간 다양한 조직을 경험하며 직접 부딪혀 온 사람만이 체득할 수 있는 본질을 솔직하고 담담하게 풀어낸 점이 특히 인상적이다.

**— 김형건, RECO COO —**

HR 제도와 프로세스를 이야기할 때 우리는 종종 정답을 찾으려 한다. 하지만 실제 조직에서는 정답보다 좋은 질문과 깊은 고민의 과정이 더 중요하다. 이 책은 조직의 현실 속에서 고민하며 답을 찾아가는 과정의 기록이다. 그래서 더 솔직하고 현실적이며, HR에 몸담고 있는 분들은 물론 다양한 분야의 리더들 또한 고개를 끄덕이며 읽게 될 것이다.

**— 유재형, 한화에어로스페이스 LS사업인사팀장 —**

다양한 업계를 거친 저자의 시선 끝에는 결국 '사람'이 있습니다.

인더스트리가 달라도 HR의 본질적 고민은 맞닿아 있다는 위로와 함께, 현상을 꿰뚫는 분석을 마주하게 됩니다. 특히 복잡한 문제일수록 명쾌한 답을 내놓는 이드만의 제언은 이 책의 가장 강력한 '킥'입니다.

— 이용원, 현대자동차 HR담당 —

이 책이 특별한 이유는 아름다운 철학에 머물지 않고, 현장에서 작동하는 '문제 해결'이라는 HR의 본질을 꿰뚫고 있기 때문입니다. '가장 유능한 HR 담당자는 이론서를 많이 읽은 사람이 아니라 조직에서 터지는 온갖 문제들을 실제로 해결해 낸 사람'이라는 저자의 말처럼, 매일 조직의 문제와 씨름하는 모든 리더와 HR 담당자들에게 가장 현실적이고 강력한 무기가 되어줄 것입니다.

— 김현우, 엑스트라이버(트립스토어) CMO —

특히 복잡한 HR 이슈를 현장의 언어로 풀어내고, 단순 이론이 아닌 문제에 대한 실질적인 해결 방향을 제시해 주시는 분입니다. HR 담당자뿐 아니라 조직을 운영하는 리더라면 누구나 현실적인 힌트를 얻을 수 있는 좋은 안내서라 생각합니다.
— 박성현, (現) 메라키플레이스 HR Lead / (前) 월급쟁이부자들 HR Lead —

정답이 없는 영역에서 HR을 한다는 것은 늘 복잡한 판단의 연속이다. 이 책은 화려한 이론이나 정답을 제시하기보다, 다양한 조직의 현실 속에서 HR이 어떤 관점으로 문제를 바라보고 해결해야 하는지를 담담하게 보여준다. 작가의 글은 나에게 배움과 공감을 주었고, 때로는 HR로서의 선택을 이어갈 용기를 주었다.

— 이상엽, 대학내일 인사팀 팀장 —

늘 조직의 생산성을 중심에 두고 본질적인 질문을 던진다는 것이 인상 깊었습니다. 매뉴얼을 따르는 데 머무르지 않고, 실제 문제를 해결하기 위해 고민하고 실행하는 HR 전략가의 시선과 통찰이 이 책에 담겨 있습니다. 조직과 사람에 대해 깊이 생각해보고 싶은 분들께 추천드립니다.

— 예경수, 하이컨시 법무이사 —

나는 이 책을 HR을 위한 책이라고 생각하지 않는다. 회사에서 살아남기 위한 책에 더 가깝다. 우리는 누군가의 거룩한 행보에 버팀목을 덧대는 사람이지 그 행보를 하는 사람은 아니다. 일은 잘하지만 조직에서 본인의 위치를 잊곤 하는 A급 인재들에게 권한다. 새로운 절을 찾으러 갈지, 원치 않은 절의 규율도 따를 수 있는 S급이 될지를 고민하고 얻어가기를 바란다.

— 김재영, 비바리퍼블리카 General Affairs Manager —

조직에서 매일 터지는 문제에 정답은 없다. 하지만 오랜 시간 현장에서 직접 부딪히고 해결해온 사람의 이야기에는 분명한 힌트가 있다. 이 책은 이론이 아니라 실전, 정답이 아니라 맥락. 조직을 고민하는 모든 분들에게 실전 참고서가 되어줄 책이다.

— 데이나(정다연), 누틸드 대표 —

이 책은 HR을 교과서의 언어로 설명하지 않는다. 익숙한 이야기들을 다른 각도에서 바라보며, 보통의 HR 담론에서는 드러나지 않던 질문들을 차분히 끌어낸다. 사내변호사로서 조직의 문제를 규정과 분쟁의 언어로 접할 때가 많지만, 이 책은 같은 풍경을 살아 있는 사람의 이야기로 풀어낸다. 조직을 새롭게 바라볼 계기를 건네는 책이다.

— 최명원, LG유플러스 사내변호사 —

평소 회사에서 '실리콘밸리'나 '좀 더 큰 회사는 이렇게 한다'는 어디선가 주워들은 얘기로 의견을 더했지만, 내심 불안했었다. 이 책은 정답을 내려주지 않는다. 대신 고민해야 할 지점과 선택지의 방향을 미리 펼쳐 보여준다. 현실의 언어로 현실의 문제를 다룬다. 나처럼 경영진과 중간관리자에게도 값진 참고서가 될 것이다.

— 배재민, (前) 인티그레이션 CBO/CPO / (前) 마이리얼트립 Product Head —

젊은 나이지만 이드님의 HR 경험의 폭과 깊이는 결코 적지 않습니다. 현장에서 부딪히며 쌓은 그의 통찰이 이 책에 고스란히 담겼습니다. HR, 더 나아가 경영을 고민하는 분들이라면 고개를 끄덕이며 읽게 될 반가운 첫 작품으로서 강력 추천합니다.

— 곽상민, 리코 재무부문 —

시스템과 제도를 통해 돌아가는 HR부터, 無에서 有를 만들어가는 날것의 HR까지. 이드의 글에는 현재 우리 시대를 살아가는 HRer들이라면 머리와 마음으로 와닿을 생생하고 솔직한 경험들이 담겨 있습니다. 이 책을 통해 같은 고민을 하고 있는 이 시대의 HRer들이 '우리의 일'에 대해 공감하고 위로받으며 앞으로의 길에 대한 인사이트 또한 얻을 수 있기를 바랍니다.

— 이수현, (現) CJ올리브네트웍스 조직문화팀 사내노무사 / (前) RIDI Talent Group Lead —

교과서에서 본 HR이 아니라, 실제 현장에서만 알 수 있는 HR 사례들이 풍성합니다.

— 오탁민, TAKY LLC 대표 —

HR이 왜 필요한지 헷갈린다면 이 책이 답입니다. '이렇게 해야 한다'는 처방보다 '왜 이렇게 되는지'를 설명해줍니다. 스타트업과 대기업의 차이, 대표와의 관계 설정, 감정의 도착지가 되지 않는 법이 정말 실전적입니다. 이슈가 있을 때마다 펼쳐보던 브런치 글들이 한 권으로 엮여 나온 것이 기쁘고, '나만 알고 싶은데?' 하는 아쉬움도 느낍니다.

**— 하종욱, (現) 딥다이브 인사팀장 / (前) 버핏서울 HR Lead —**

스타트업에서 HR을 해본 입장에서 여러 번 크게 공감했습니다. 실제 스타트업 조직에서 HR 담당자가 하게 되는 고민을 그 어느 글보다 현실적으로 풀어낸 것 같습니다. 읽고 나면 HR 담당자들이 모여 몇 시간 수다를 나눈 느낌이고, 그 자체로 힐링이 됩니다.

**— 윤소천, (現) 트레바리 경영지원 리드 / (前) 스매치코퍼레이션 경영지원 그룹리드 —**

'어떤 질문을 던지고 어떻게 답을 찾을 것인가'를 함께 고민할 수 있는 동료를 만나는 것은 큰 행운입니다. 이드님은 예측하기 어려운 HR의 문제들 속에서도 본질을 정의하고 실질적인 대안을 설계해내는 능력을 갖추고 있습니다. 성공 방정식을 답습하기보다 현재에 도전하는 모험기를 통해 조직에 건강한 긴장감과 활력을 얻을 수 있습니다.

**— 차정한, 발렌라이프 피플팀 팀장 —**

# 이드의 HR 모험기

김동현 지음

인쇄  2026년  04월 15일
발행  2026년  04월 24일

발행인  이은선
발행처  반달뜨는 꽃섬 [서울시 송파구 삼전로 10길50, 203호]
연락처  010 2038 1112  E-MAIL  itokntok@naver.com

ⓒ 김동현, 저작권 저자 소유

ISBN  979-11-91604-71-9  (13320)